GRÜNER LEBEN NEBENBEI

Was jeder für Klima und Umwelt tun kann

CHRISTIAN EIGNER

SO FUNKTIONIERT DAS BUCH

„Ich möchte gern mehr für Umwelt und Klima tun." Wenn Sie dieses Buch aufschlagen, verspüren Sie wahrscheinlich genau diesen Wunsch, sind sich aber nicht sicher, wie Sie ihn in die Tat umsetzen können. Die gute Nachricht: Dieses Buch enthält alles Wissen, das Sie brauchen, um künftig grüner zu leben – übersetzt in Hunderte alltagstaugliche Tipps. Wie Sie diese am besten für sich nutzen, entscheiden Sie selbst. Die folgenden Hinweise liefern jedoch bestimmt einige Anregungen.

Tipps in den Alltag einbauen

So viel vorab: Das Wort „nebenbei" im Titel soll nicht suggerieren, dass sich Schritte zu mehr Nachhaltigkeit grundsätzlich im „Vorbeigehen" machen lassen. Etwas Aufwand und Mühe sind schon erforderlich, doch das Ganze ist auch nicht so kompliziert, als dass es nicht jeder in seinen Alltag einbauen könnte. Alles beginnt mit einem wachsameren und kritischeren

Beobachten der eigenen Gewohnheiten: Welche Lebensmittel kaufe ich ein und wie viel davon werfe ich weg? Wie oft fahre ich mit dem Auto, obwohl es mit dem Fahrrad fast genauso schnell geht? Wie lange stehe ich morgens unter der Dusche und lasse das warme Wasser laufen?

Wichtige Weichen neu stellen

„Nebenbei" bedeutet: Haben Sie erst einmal den Blick geschärft und erste Dinge verändert, bleiben Sie dran, bis Sie nicht mehr darüber nachdenken müssen, Einkaufstüten oder den Thermobecher von zu Hause mitzunehmen. „Nebenbei" heißt aber auch: Stellen Sie wichtige Weichen neu, indem Sie zum Beispiel auf Ökostrom umsteigen oder ab sofort im Bio-Supermarkt einkaufen gehen. Dann müssen Sie sich in Zukunft nicht mehr fragen, ob aus Ihrer

Kaffee aus dem Pappbecher, Feuchttücher zur Körperpflege, mit dem Auto zum Bäcker? **BESSER NICHT!** Was der Umwelt schadet, steht auf der linken Seite.

Steckdose Atomstrom fließt oder ein Tier gequält wurde, damit das Fleisch möglichst billig ist.

Sprechende Bilder, prägnante Texte

Betrachten Sie dieses Buch als einen Begleiter für alle Lebensbereiche – von Einkaufen und Ernährung über Haushalt und Energie bis zu Geldanlage und Mobilität. Sie können es als Crash-Kurs von vorn bis hinten durchlesen, sich einzelne Kapitel vornehmen – oder aber über das Inhalts- und Stichwortverzeichnis gezielt Themenbereiche ansteuern. Besonders praktisch: In allen Kapiteln werden Sie auf Seitenpaare mit „sprechenden" Bildern stoßen – ergänzt durch kompakte, prägnante Texte. Die linke Seite zeigt jeweils einen Irrtum oder Mythos – auf der rechten erfahren Sie, wie es besser geht. Infokästen enthalten zusätzliche Tipps.

Das Wissen der Experten

Viele Aussagen des Buches beruhen auf Untersuchungen der Stiftung Warentest. Mittlerweile fließen in viele unserer Tests auch Nachhaltigkeits-

kriterien ein – seien es der Stromverbrauch von Elektrogeräten oder die Arbeitsbedingungen bei der Kaffeeproduktion. Ergänzt haben wir unsere eigenen Erkenntnisse um aktuelle Studienergebnisse renommierter Institute sowie Fachwissen aus dem Umweltbundesamt (UBA).

Nicht mutlos sein – jetzt handeln!

An den Beginn des Buches haben wir einige Seiten gestellt, auf denen wir Ihnen einen Überblick über den Stand der Dinge geben, was die „Gesundheit" unseres Planten betrifft. Der Befund „ernsthaft krank" ist zweifellos ein Alarmsignal. Daraus jedoch abzuleiten, dass eine Besserung ausgeschlossen ist, wäre falsch. Auch wenn sich die Erde bereits erwärmt, das Klima verändert hat – noch ist es nicht zu spät, die Folgen zu begrenzen, um nachfolgenden Generationen eine lebenswerte Erde zu hinterlassen. Packen wir's an – jeder für sich selbst und dennoch alle gemeinsam!

Einen Thermobecher kaufen, Waschlappen verwenden, aufs Fahrrad steigen? **VIEL BESSER!** Mit den Tipps auf der rechten Buchseite handeln Sie nachhaltig – und sind Vorbild für andere.

INHALTSVERZEICHNIS

Der Klimawandel stellt uns vor eine existenzielle Herausforderung – die Erde heizt sich im Rekordtempo auf. Einer der Gründe dafür ist unser Lebensstil. Noch lässt sich das Schlimmste verhindern – wenn jeder seine persönliche CO_2-Bilanz in den Griff bekommt und hilft, den Druck auf Politik und Wirtschaft zu erhöhen. Die Corona-Krise zeigt, was möglich ist, wenn viele Menschen für ein gemeinsames Ziel eintreten.

UMWELT
UND KLIMA

ALLE AMPELN AUF GRÜN – FÜR KLIMA UND UMWELT

Stellt man sich die 4,6 Milliarden Jahre Erdgeschichte als einen 24-Stunden-Tag vor, betritt der Mensch erst in den letzten drei Sekunden die Szenerie. Als ob nicht das schon verschwindend kurz wäre: Erst in den letzten drei Millisekunden – seit etwa 1820 – beginnt er, Technologien zu entwickeln, die Produktivität und Wohlstand auf ein neues Level heben.

Leider ist so viel Fortschritt nicht zum Nulltarif zu haben: Leidtragende sind die Menschen, die nicht am wachsenden Wohlstand teilhaben – und unser Planet selbst. Von Abgasen verschmutzte Luft, vom Rohstoffabbau zerstörte Ökosysteme, aussterbende Tier- und Pflanzenarten – diese „Nebenwirkungen" hat die Menschheit lange in Kauf genommen. Inzwischen können wir uns so viel Ignoranz schlicht nicht mehr leisten: Unser Planet ist am Limit, unsere Lebensgrundlagen sind bedroht.

1. Weg von fossilen Rohstoffen

Die große Frage lautet: Schafft es derselbe Mensch, dessen erstaunlicher Erfindungsgeist in einem historisch kurzen Zeitraum Dampfmaschine, Glühlampe und Flugzeug hervorbrachte, in noch kürzerer Zeit die Menge an klimaschädlichen Treibhausgasen zu begrenzen, sodass sich die Erde bis 2050 nicht über 2 Grad Celsius erwärmt? Vor allem: Schafft er es – und zwar möglichst bald –, keine fossilen Rohstoffe mehr zu verbrennen, um Strom zu erzeugen, um Autos und Flugzeuge anzutreiben? Klar: Kohle, Öl und Gas würden uns irgendwann ohnehin ausgehen – doch dann wäre es längst zu spät für das Klima auf der Erde.

2. Positives Denken ist gefragt

Also muss es jetzt sein. Aber wie geht das: das Klima retten? Sicherlich nicht, indem wir uns permanent Katastrophenszenarien vor Augen führen. Dass uns negatives Denken lähmt und mutlos macht, ist sogar wissenschaftlich erwiesen. Dabei ist Mut gerade das, was wir jetzt dringend brauchen! Wer es nicht längst getan hat, sollte sich daher – trotz und vielleicht sogar wegen der Corona-Krise – den Ernst der Lage vor Augen führen, dann jedoch nach vorn blicken und sich fragen: Wie will ich diesen Planeten kommenden Generationen hinterlassen? Was kann ich, was können wir

tun, um unsere persönliche Bilanz zu verbessern? Ansatzpunkte gibt es zuhauf.

3. Dicke und dünne Bretter bohren

So haben Experten eine Handvoll „Big Points" identifiziert, die für Umwelt und Klima am meisten bringen. Darunter befinden sich ganz schön dicke Bretter: weniger Fleisch essen, weniger fliegen, weniger Auto fahren (siehe S. 20). Was zunächst nach Verzicht klingt, erweist sich bei näherem Hinsehen keineswegs als lustfeindlich. Drehen wir die Sache ruhig einmal um: Eine Ernährung, die auf Getreide, Hülsenfrüchte und Gemüse basiert, senkt das Risiko für viele Krankheiten und kann beim Abnehmen helfen. Nur in Ausnahmefällen zu fliegen gibt uns die Möglichkeit, bewusster zu reisen und Regionen in der Nähe zu entdecken. Radfahren – etwa zur Arbeit oder zum Einkaufen – entlastet Innenstädte von Abgasen und Feinstaub und gilt als eine der gesündesten Arten der Fortbewegung.

4. Jedes Produkt hat seine Bilanz

Nachhaltiger Konsum in allen Bereichen ist gelebter Klima- und Umweltschutz. Für jeden Kaffee-to-go einen neuen Becher? Jedes Jahr ein neues Smartphone? Tütenweise billige T-Shirts? Machen wir uns bewusst, dass jedes Lebensmittel, jedes Kleidungsstück und jedes elektronische Gerät mit einem CO_2-Rucksack ins Geschäft kommt. Sein gesamter Lebenszyklus – von der Beschaffung der Rohstoffe bis zur Entsorgung – fließt in seine Ökobilanz ein. Je weniger wir wegwerfen und je länger wir etwas verwenden, desto besser wird am Ende seine Bilanz. Wer den Zusammenhang einmal verstanden hat und weiß, dass ein T-Shirt nicht fünf Euro wert sein kann, der trifft Kaufentscheidungen künftig nicht mehr achtlos.

5. Druck auf Politik und Wirtschaft

Bei allem Enthusiasmus: Private Haushalte allein werden das Problem nicht lösen können. Aus eigener Kraft können wir unseren CO_2-Ausstoß nicht auf ein Niveau senken, das den Klimawandel stoppt. Wenn es etwa um die Bereiche Energie und Verkehr geht – die zwei größten Emittenten von Treibhausgasen –, sind in erster Linie Staat und Wirtschaft gefragt. Zwar hat die Bundesregierung 2019 ein Klimaschutzprogramm und die EU einen „Green Deal" beschlossen – doch die wichtigen Schritte müssen erst noch gegangen werden!

Deshalb ist es zwar gut, bei sich selbst anzufangen – aber eben nur der Anfang. Genauso wichtig ist es, sich in Parteien, Verbänden und Initiativen für Klima und Umwelt zu engagieren! Dort Diskussionen und Projekte anzustoßen! Auf Missstände in Politik und Wirtschaft aufmerksam zu machen! Schauen wir unseren Volksvertretern auf die Finger und erhöhen wir den Druck – solange noch Zeit ist, das Klima zu retten.

Steigende Temperaturen
In vielen Teilen der Welt ist der Klimawandel bereits deutlich spürbar – in manchen Regionen trocknen infolge anhaltender Dürren Seen aus, in anderen steigt der Meeresspiegel durch schmelzendes Polareis.

DESHALB WIRD UNSER PLANET ZUM TREIBHAUS

Die Erde ist von einer dünnen Gasschicht umhüllt – die überragende Bedeutung hat. Die Atmosphäre schützt uns vor schädlicher Strahlung aus dem Weltall, gleicht die erheblichen Temperaturunterschiede zwischen dem Äquator und den Polen halbwegs aus und sorgt für erträgliche Temperaturen: Gäbe es sie nicht, würden wir bei frischen minus 18 Grad ganz schön bibbern. Zu wenig Wärme sollte die Atmosphäre jedoch nicht entweichen lassen – dann heizt sich die Erde langsam auf. Genau das passiert im Moment.

Erderwärmung Die Atmosphäre besteht zu 78 Prozent aus Stickstoff und zu 21 Prozent aus Sauerstoff. Weitere Gase kommen in geringen Konzentrationen vor. Einige von ihnen haben die Eigenschaft, Sonnenlicht ungehindert passieren zu lassen, die von der Erdoberfläche abgegebenen Wärmestrahlen jedoch zu absorbieren. Dieser natürliche Treibhauseffekt sorgt für lebensfreundliche Verhältnisse. Ausgelöst wird er zu zirka zwei Dritteln durch Wasserdampf (H_2O), gefolgt von Kohlendioxid (CO_2), Distickstoffoxid („Lachgas", N_2O) und Methan (CH_4).

Problem CO_2 Wenn sein Einfluss so groß ist – warum spielt Wasserdampf dann keine Rolle in der Diskussion um den Klimawandel? Ganz einfach: weil er zwar den durch Menschen verursachten Treibhauseffekt verstärkt, aber nicht dessen Ursache ist. Anders als Kohlendioxid: Seit Beginn der Industrialisierung stieg der CO_2-Gehalt der Atmosphäre um 35 Prozent an. CO_2 entsteht vor allem bei der Verbrennung fossiler Energieträger und kann bis zu 1000 Jahre in der Atmosphäre bleiben.

Potenzial Treibhausgase tragen unterschiedlich zur globalen Erwärmung bei. So wirkt 1 Kilogramm Methan, wie es in der Rinderzucht und beim Reisanbau entsteht, 25-mal so stark wie dieselbe Menge CO_2 – Lachgas sogar 298-mal so stark. Noch größer ist das Treibhauspotenzial nicht natürlich vorkommender (teil-)fluorierter Kohlenwasserstoffe („F-Gase"): So wirkt das etwa in Schallschutzfenstern enthaltene Schwefelhexafluorid (SF_6) bis zu 22 800-mal so stark.

Umrechnung Um die Emissionen verschiedener Treibhausgase vergleichen zu können, rechnet man sie in CO_2-Äquivalente (CO_2-eq) um. Ist in diesem Buch also von einer bestimmten Menge CO_2 die Rede, bezieht sich der Wert – falls nicht anders angegeben – auf die Gesamtmenge aller Treibhausgase.

WENN ES AUF DER ERDE IMMER WÄRMER WIRD...

Ist auf UN-Klimagipfeln von einem, zwei oder fünf Grad Erderwärmung die Rede, finden das viele Menschen nicht schlimm. Schließlich hat jeder schon mal erlebt, dass es innerhalb kurzer Zeit um 10, 20 oder sogar 30 Grad wärmer wurde.

Leider basiert diese Logik auf einem Denkfehler: Hier geht es nicht um das Wetter an zwei aufeinanderfolgenden Tagen oder in einem bestimmten Jahr. Hier geht es um das typische Wetter in Jahrzehnten und Jahrhunderten – das Klima.

Ein oder zwei Grad – fürs Klima macht das einen riesigen Unterschied. Worauf die Menschheit im Augenblick zusteuert, sind mindestens drei Grad mehr – mit gravierenden Folgen.

Eisschmelze

Problem Ob Antarktis, Grönland oder Alpen – überall auf der Welt schmelzen Eis und Gletscher in Rekordtempo. So verlieren Gletscher in der Antarktis heute jedes Jahr fünfmal so viel Eis wie noch 1990.

Folgen Schmilzt etwa der Thwaites-Gletscher in der Westantarktis, der so groß ist wie der US-Bundesstaat Florida, stiege allein dadurch der Spiegel der Weltmeere um einen halben Meter an. Würde das gesamte Eis am Südpol schmelzen, wären fünf Meter die Folge.

Gefahr Dauert die Schmelze weiter an, sind Polareis und Gletscher nicht mehr zu retten, selbst wenn es gelingt, die Erderwärmung rapide zu bremsen.

Tauender Permafrost

Problem Steigende Temperaturen lassen in den Kälteregionen der Erde die ständig gefrorene oberste Bodenschicht tauen. Mikroorganismen können dann die darin befindliche Biomasse abgestorbener Pflanzen zersetzen. Dadurch werden Treibhausgase, vor allem Methan, freigesetzt.

Folgen Die Klimawirkung von Methan ist 25-mal höher als die von CO_2. Das Klimagas verursacht etwa ein Drittel der Erderwärmung. Seine Konzentration in der Luft steigt derzeit rapide an.

Gefahr Gelangen weiterhin große Mengen des eingefrorenen Methans in die Atmosphäre, wird das Auftauen des Permafrostbodens unumkehrbar.

Extremwetter

Problem Die Durchschnittstemperatur in Deutschland stieg seit 1881 um rund 1,5 Grad, die Zahl der Tage, an denen es 30 Grad oder heißer wird, nimmt zu. Immer öfter kommt es zu extremen Wetterlagen mit Hitzeperioden, Starkregen oder Sturm.

Folgen Dürren, Waldbrände und Überflutungen führen u. a. zu Ernteausfällen und Problemen bei Warentransport und Trinkwasserversorgung. Hohe Temperaturen gefährden vor allem Menschen mit Diabetes, Atemwegs- und Herz-Kreislauf-Erkrankungen und Allergiker.

Gefahr Experten erwarten, dass sich künftig tropische Krankheiten wie Malaria und Dengue-Fieber in Europa stärker ausbreiten.

Knappe Ressourcen

Problem Hitzewellen und Dürren führen in vielen Regionen der Welt zu Wassermangel und Missernten. Betroffen sind viele Länder, in denen eine stetig wachsende Bevölkerung ohnehin nicht genug zu essen und oft auch keinen Zugang zu sauberem Trinkwasser hat.

Folgen Steigende Meeresspiegel und Naturkatastrophen bedrohen die Sicherheit von Menschen. Missernten führen zu Nahrungsknappheit. Diese wiederum setzt Konflikte und Fluchtbewegungen in Gang.

Gefahr Derzeit verlassen pro Jahr 26 Millionen Menschen ihre Heimat wegen Umwelt- und Klimaveränderungen. Diese Zahl dürfte weiter ansteigen.

Artensterben

Problem Direkte Eingriffe wie das Abholzen von Wäldern, das Überfischen knapper Bestände und die extensive Landwirtschaft verdrängen Pflanzen- und Tierarten – auch der Klimawandel spielt eine wachsende Rolle. Die Erde erwärmt sich viel schneller, als Fauna und Flora sich anpassen können.

Folgen Fehlen Insekten, ist die Bestäubung von Nutzpflanzen gefährdet, mangels Mangroven und Korallen erodieren Küsten, mit Tieren und Pflanzen verschwindet ein Teil unseres Naturerbes.

Gefahr Laut Weltbiodiversitätsrat (IPBES) sind von den geschätzt 8,7 Millionen Tier- und Pflanzenarten weltweit rund eine Million vom Aussterben bedroht.

WIE UNSER LEBENSSTIL DEN KLIMAWANDEL ANTREIBT

Die gute Nachricht: Laut vorläufiger Bilanz des Umweltbundesamtes (UBA) haben wir Deutschen im Jahr 2019 „nur" 805 Millionen Tonnen Treibhausgase in die Atmosphäre geblasen – 6,3 Prozent weniger als 2018. Im Vergleich zum internationalen Referenzjahr 1990 ist das sogar ein Rückgang von 35,7 Prozent. Vor diesem Hintergrund scheint das gesetzlich fixierte Klimaziel für 2030, eine Senkung um 55 Prozent auf 543 Millionen Tonnen pro Jahr, zwar ambitioniert, aber nicht unerreichbar zu sein.

Energieverbrauch gesunken

Gründe sind ein deutlich gesunkener Stromverbrauch und der Rückgang der Kohleverstromung. So erzeugten Steinkohlekraftwerke 31 Prozent weniger Energie, Braunkohlekraftwerke 22 Prozent. Im Gegenzug stieg der Anteil erneuerbarer Energien wie Wind, Wasser und Sonne: Im ersten Quartal 2020 deckten sie sogar erstmals über 50 Prozent der Stromnachfrage ab.

Die schlechte Nachricht: Im Bereich Verkehr stiegen 2019 die Emissionen – weil Käufer sinkende Abgaswerte mit PS-starken Motoren und schweren SUV kompensieren und alternative Antriebe bei den Verkaufszahlen weiter schwächeln. Auch die Emissionen von Gebäuden nahmen zu, obwohl 2019 alles andere als ein kaltes Jahr war. Viele Altbauten sind nach wie vor nicht energetisch saniert – pro Jahr passiert das nur bei etwa einem Prozent des Bestandes.

Mehr Konsum – mehr Emissionen

Auf jeden Bundesbürger entfällt derzeit laut Statistik ein Ausstoß von zirka 11 Tonnen CO_2 (siehe auch S. 16). Dabei gilt: Je höher das Einkommen, desto höher die Konsumausgaben und damit die Umweltbelastung. Wer es sich leisten kann, fliegt statistisch gesehen nun mal öfter und fährt ein größeres und schwereres Auto.

Doch Emissionen erzeugen wir nicht nur direkt über Abgase, sondern auch indirekt – indem wir etwa Lebensmittel, Kleidung und Schuhe oder auch Haushalts- und elektronische Geräte kaufen, die aufwendig zu produzieren sind und/oder über weite Strecken zu uns transportiert werden müssen. Wer direkte und indirekte Emissionen bewusst reduziert, rettet zwar nicht die Welt – trägt jedoch seinen Teil dazu bei.

EMISSION

WIR ALLE VERURSACHEN CO$_2$ – beim Einkaufen, Autofahren, Wäschewaschen. Doch wie viel genau? Hier eine Orientierung.

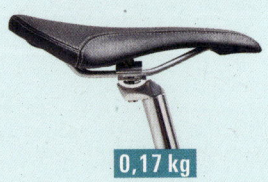

0,17 kg

100 km Pedelec-Fahren mit Ökostrom (Verbrauch je 100 Fahrkilometer: ca. 1 kWh)

0,3 kg

12-minütiges Aufbacken einer Fertigpizza im Backofen bei 250 Grad Celsius

1 kg

pro 5 Min. Duschen ohne Sparbrause, Durchfluss: 15 l/Min. bei 38°C und Gas-Brennwertkessel

5,7 kg

Herstellung von einem Kilogramm Käse

13,6 kg

Produktion von einem Kilogramm Rindfleisch

60 kg

jährlich beim Betrieb eines Kühlschranks mit Energieeffizienzklasse A+++

110 kg

ein Jahr Wäschewaschen (220 Waschgänge/Jahr mit A+++-Waschmaschine)

182 kg

pro 1000 Kilometer Autofahren (bei einem Durchschnittsverbrauch von 7 l Benzin auf 100 km)

3400 kg

pro Person auf einem Flug von Frankfurt/Main nach Singapur (hin und zurück, Economy)

AUS 11 MACH 1 – IHR GANZ PERSÖNLICHES KLIMAZIEL

Wir hier in Deutschland verursachen pro Jahr und Kopf statistisch gesehen rund 11 Tonnen CO_2. Verglichen mit den Werten von Katar (31 Tonnen) oder Australien (16 Tonnen) nimmt sich das geradezu bescheiden aus – ist aber kein Grund, uns auf die Schultern zu klopfen. Wir liegen nicht nur deutlich über dem weltweiten Durchschnitt (ca. 7 Tonnen), sondern toppen locker jenen aller 28 EU-Staaten (8,4 Tonnen).

Das große Ziel: eine Tonne pro Jahr

Die Menschheit stößt pro Jahr etwa 50 Milliarden Tonnen aus – viel zu viel. Wie viel zu viel ist auch bekannt: Wollen wir das 2015 auf der UN-Klimakonferenz in Paris beschlossene Ziel erreichen und die Erderwärmung auf 1,5, zumindest aber auf deutlich unter 2 Grad Celsius begrenzen, muss der weltweite Ausstoß bis 2050 auf 10 Milliarden Tonnen sinken.

Gesetzt den – wahrscheinlichen – Fall, dass die Weltbevölkerung bis zu diesem Zeitpunkt auf 10 Milliarden gewachsen ist und sich der Ausstoß fair verteilt, dürfte jeder Erdbewohner noch eine Tonne CO_2 pro Jahr verursachen. Allerhöchstens!

Und wie sieht Ihre Bilanz aus?

Damit nicht genug: Da wir in Deutschland deutlich mehr Klimagase ausstoßen als der weltweite Durchschnitt, müssten wir sogar rund 90 Prozent einsparen! Das ist für jeden Einzelnen unmöglich, denn einen Teil der Emissionen verursachen nicht Privatpersonen, sondern Unternehmen, zum Beispiel Energieerzeuger, Stahlwerke und Transportfirmen. Dennoch ist es möglich, die persönliche CO_2-Emission mindestens zu halbieren. Untersuchungen des Umweltbundesamtes zeigen, dass bereits heute viele Menschen in Deutschland mit einem Fußabdruck von nur 5 Tonnen gut leben können. Wie Ihre Bilanz – und Ihr Einsparpotenzial – aussieht, können Sie mit dem CO_2-Rechner des Umweltbundesamtes ermitteln (siehe Kasten rechts).

Quer durch alle Lebensbereiche

Der CO_2-Ausstoß verteilt sich auf verschiedene Lebensbereiche. Einen großen Anteil macht mit rund 16 Prozent die Ernährung aus – hier vor allem der Verzehr von Fleisch, Wurst und Milchprodukten. Heizung und Strom für die Wohnung oder das eigene

CO_2-RECHNER LIEFERT KONKRETE ZAHLEN

WO STEHEN SIE KLIMATECHNISCH? Wie können Sie Ihre Bilanz senken? Wer bei diesen Fragen müde mit den Schultern zuckt, dem hilft der CO_2-Internetrechner des Umweltbundesamtes auf die Sprünge: Jeder kann sich unter uba.co2-rechner.de in zehn Minuten seine persönliche CO_2-Bilanz erstellen.

WAS SIE BEREITLEGEN SOLLTEN, sind Ihre Wohnungsgröße sowie die Verbrauchswerte für Heizung und Strom. Alles andere – etwa Angaben zu Ernährungs- und Konsumgewohnheiten sowie den Verbrauch Ihres Autos – sollten Sie aus dem Stegreif ausfüllen können.

Im Ergebnis sehen Sie Ihre CO_2-Bilanz im Vergleich zum deutschen Durchschnitt.

DANN BLICKEN SIE IN DIE ZUKUNFT – indem Sie das „CO_2-Szenario" ausfüllen. Darin geht es um persönliche Pläne, etwa zur Wohnsituation, einem Wechsel zu Ökostrom sowie einer stärkeren Nutzung öffentlicher Verkehrsmittel. Abgefragt werden auch Einstellungen zu Klimaschutz und nachhaltiger Lebensweise. Unterm Strich erwarten Sie eine Prognose zur Entwicklung Ihrer CO_2-Bilanz in Relation zum Klimaziel 2050 sowie Potenziale zur CO_2-Vermeidung.

Haus schlagen mit 15 beziehungsweise 7 Prozent zu Buche, während Fahrten und Reisen für 15 und Flüge für 5 Prozent der Emissionen verantwortlich sind. Die verbleibenden 42 Prozent verteilen sich auf den restlichen Konsum, also Bekleidung, Körperpflege, Haushaltsgeräte, Freizeitaktivitäten etc. (Datenquellen: UBA, ifeu, Klim Aktiv, BMUB). Daraus ergeben sich teils gewaltige Sparpotenziale. Beispiel Heizaufwand: Sie müssen nicht schlotternd vor Kälte daheim sitzen – aber vor allem Eigentümer älterer Häuser sollten sich um das Thema Wärmedämmung kümmern.

Große und kleine Schritte

Was eventuell zunächst nach Verzicht und Selbstkasteiung klingt, führt oft zu höherer Lebensqualität, zu mehr Gesundheit und Genuss. Wer seinen Lebensstil kritisch hinterfragt und konkrete Schritte zu einem nachhaltigen Konsumverhalten unternimmt, stellt schnell fest, dass weniger Konsumieren oft mehr bringt. Im Folgenden stellen wir Ihnen eine Vielzahl solcher Schritte vor – manche davon sparen nur ein paar Kilogramm CO_2 ein, andere entlasten Ihr Emissionskonto um mehrere Tonnen. Packen Sie es an!

ÖKOBILANZ MACHT FOLGEN FÜR DIE UMWELT SICHTBAR

Auch Produkte haben ein Leben mit verschiedenen Phasen. Der Zeitraum, in dem, sagen wir: ein Smartphone genutzt wird, ist nur eine davon. Davor werden die Rohstoffe gewonnen und das Smartphone hergestellt. Nach der Nutzung folgt die Entsorgung.

BEISPIEL 1: Smartphone

Während seines gesamten Lebens hinterlässt unser Smartphone Spuren in Wasser, Luft und Boden. Bevor es existiert, werden Kunststoff und Glas hergestellt, Eisen, Kupfer, Nickel, Zinn, knappe Rohstoffe wie Kobalt, Indium und Wolfram sowie „seltene Erden" wie Neodym und Cer abgebaut – häufig unter unmenschlichen Bedingungen. Dafür werden Wälder gerodet, Berge in die Luft gesprengt, giftige Lösungsmittel benutzt und große Mengen an Treibhausgasen ausgestoßen. Für den Transport von Rohstoffen und Bauteilen sowie die Herstellung ist Energie erforderlich, deren Erzeugung weitere Klimagase freisetzt.

Leider wird das Smartphone oft bereits nach zwei Jahren ausgemustert, denn der Vertrag läuft aus und neue Modelle locken. Anders als viele andere Geräte wird unser Smartphone immerhin fachgerecht entsorgt, sodass sich ein Teil der wertvollen Rohstoffe wiedergewinnen lässt.

Effekte auf die Umwelt erfassen

Dass die Wiedergewinnung von Metallen und das Recycling von Kunststoffen die angerichteten Umweltschäden allenfalls abmildern können, liegt auf der Hand. Unterm Strich stehen in jedem Fall ein hoher Verbrauch an Energie, Wasser und der massenhafte Ausstoß von Treibhausgasen. Diese Auswirkungen lassen sich sogar beziffern. Möglich macht das ein komplexes Berechnungsverfahren für Produkte, Dienstleistungen und sogar Verhaltensweisen – die Ökobilanzierung. Ihre Ergebnisse lassen sich nutzen, um etwa Produktionsprozesse in Richtung Nachhaltigkeit zu optimieren.

BEISPIEL 2: Weißes T-Shirt

Wissenschaftler der TU Berlin erstellten 2019 eine solche Ökobilanz für ein weißes T-Shirt. Auftraggeber war der Industrieverband Körperpflege- und Waschmittel (IKW) e. V. Die Annahme: Ein 150 Gramm schweres Shirt wurde außerhalb Europas herge-

stellt, in Deutschland gekauft, 44-mal gewaschen und getrocknet und schließlich entsorgt. Die Wissenschaftler unterstellten außerdem, dass die Waschmaschine jeweils nicht voll, sondern nur mit 3,5 Kilogramm beladen, 55 Gramm Waschmittel verwendet wurden und neun von zehn Ladungen an der Luft trockneten. Danach untersuchten sie, in welcher Lebensphase das T-Shirt besonders gravierende Auswirkungen auf die Umwelt hat und welche das genau sind.

3,7 Kilogramm CO_2 pro Shirt

Erste Erkenntnis: Folgen für die Umwelt hat insbesondere die Herstellung – inklusive der Baumwollproduktion. Besonders ins Gewicht fallen die Faktoren Wasserverknappung, Treibhauspotenzial und Rohstoffverbrauch. Zweite Erkenntnis: Das spätere Waschen und Trocknen des T-Shirts hat einen genauso großen Einfluss auf sein Treibhauspotenzial wie Herstellung, Vertrieb und Entsorgung zusammen!

Unser weißes T-Shirt sorgt in seinem Leben für ca. 3,7 Kilogramm Treibhausgase. Wer jedoch die Waschmaschine immer voll belädt, das Waschmittel genau dosiert, bei niedrigen Temperaturen wäscht und die Wäsche draußen trocknet, kann die Emissionen um 30 bis 50 Prozent reduzieren.

Welche komplexen Zusammenhänge eine Ökobilanz berücksichtigt, illustriert folgende Aussage: Von den insgesamt 221 Litern Wasser für das 44-malige Waschen entfallen nur 102 Liter auf die Waschlauge, hingegen ganze 72 Liter auf den Strom für die Waschmaschine. Bei dessen Erzeugung wird Wasser unter anderem verwendet, um Turbinen in Kraftwerken anzutreiben.

BEISPIEL 3: Geschirrspüler

Auch die Stiftung Warentest erstellt Ökobilanzen. So zerlegten wir 2018 einen Geschirrspüler und ermittelten die Umweltfolgen für jedes Teil sowie für den Wasser- und Stromverbrauch. Wir wollten wissen: Lohnt es sich, ein defektes Gerät reparieren zu lassen, oder ist ein Neukauf sinnvoller? Ergebnis: Während finanziell kaum ein Unterschied besteht, lohnen sich aus Umweltsicht sogar mehrere Reparaturen. Ein Gerät, das in 15 Jahren viermal repariert wird, spart ein Viertel an Energie und anderen Ressourcen ein. Dass Reparaturen oft nicht ohne Spezialwerkzeug möglich, Software und Ersatzteile sowie Anschluss- und Konstruktionspläne nur für Vertragswerkstätten verfügbar sind, ist vor diesem Hintergrund mehr als ärgerlich (siehe S. 162).

Nutzung belastet die Umwelt

Auch für Geschirrspüler gilt, dass ein Großteil der Umweltbelastung von der Nutzung ausgeht – vor allem vom Stromverbrauch. Wer seine Maschine nur für ein paar Teller einschaltet, belastet die Umwelt mehr als Nutzer, die sie konsequent voll beladen und im Eco-Modus laufen lassen.

„BIG POINTS" ANPACKEN – TONNENWEISE CO_2 SPAREN

Immer nur so viel Wasser aus dem Hahn zapfen, wie man braucht. Statt Reis nur noch Kartoffeln essen (siehe S. 73). Beim Verlassen eines Zimmers immer das Licht ausschalten – alles „grüne" Ideen, alles gut für Klima und Umwelt. Auch kleine Schritte tragen zur Senkung der Emissionen bei, wenn viele sie gehen. Sie geben uns zudem das gute Gefühl, verantwortlich zu handeln und das Thema Nachhaltigkeit in unser Leben zu integrieren. Doch machen wir uns nichts vor: Kleine Schritte haben auch nur kleine Effekte. Der Weg zu einer Begrenzung der Erderwärmung ist mit Trippelschritten allein nicht zu schaffen.

Möglichst bald anfangen ...

Klimaschutz braucht deutlich weniger Treibhausgase, und das sofort. Die Zeit drängt. Wollen wir die Umwelt und unser Klima vor Veränderungen mit nicht absehbaren Folgen bewahren, müssen wir den Mut haben, auch die dicken Bretter zu bohren.

An diesem Punkt setzt bei vielen Menschen das große Zweifeln ein: Kann ich als Einzelner überhaupt etwas bewirken? Richtig ist: Bei 8 Milliarden Erdbewohnern fällt der Beitrag jedes Einzelnen global gesehen kaum ins Gewicht. Doch die Hände in den Schoß zu legen ist keine Alternative, soll unser Planet bewohnbar bleiben. Tragen Sie Ihren Teil bei – und vertrauen Sie darauf, dass immer mehr Menschen dasselbe tun.

... aber nicht alles sofort machen

Sein CO_2-Konto zu entlasten ist gar nicht so schwer, wenn Sie die „Big Points" in den Blick nehmen. Wer zum Beispiel auf den jährlichen Flug von Berlin nach Teneriffa verzichtet, spart pro Person 1,2 Tonnen CO_2 ein – wer 7 500 Kilometer weniger allein mit dem Auto fährt, in etwa dieselbe Menge.

Auf den folgenden Seiten stellen wir Ihnen acht dieser großen Schritte vor. Nicht alle davon müssen Sie gehen – es gibt mehrere Wege zu einem klimaneutralen Lebensstil. Doch je mehr Menschen jetzt loslaufen, desto größer wird der Druck auf Politik und Wirtschaft, sich in Sachen Klimaschutz noch stärker als bisher zu engagieren. Anders formuliert: Je mehr Menschen Ökostrom nachfragen, desto eher werden die Anbieter reagieren und mehr „saubere Energie" erzeugen.

„NEBENBEI" DAS KLIMA SCHÜTZEN

Was ist einfacher: In einen Supermarkt oder zum Discounter zu gehen und dort gezielt nach biologisch erzeugten Produkten zu suchen? Oder von vornherein im Bio-Supermarkt einzukaufen? Für die meisten Menschen wohl Letzteres.

Ob es ums Einkaufen, die eigene Fortbewegung oder die beste Geldanlage geht – wer sich einmal grundsätzlich für die ökologisch sinnvolle und nachhaltige Variante entscheidet, spart viel Zeit und Mühe.

Im besten Fall – zum Beispiel beim Wechsel zu Ökostrom oder dem Dämmen des Eigenheims – werden Sie einmal aktiv und sind dann jahrelang auf der sicheren, der „grünen" Seite.

Eigenes Haus dämmen

Was bringt das? Häuser, deren Außenhülle nicht ausreichend gedämmt ist, verbrauchen bis zu viermal so viel Heizenergie. Faustregel: Erst dämmen, dann eine geeignete Heizung einbauen.

Was kann ich tun? Neben synthetischen Materialien gibt es auch Dämmstoffe aus nachwachsenden Rohstoffen, zum Beispiel Holzfasern, Zellulose und Kork. Bevor Sie starten, holen Sie den Rat eines unabhängigen Experten ein, etwa bei der Energieberatung der Verbraucherzentrale.

Extra-Tipp Wer sein Haus dämmt, bekommt staatliche Förderung (Infos siehe S. 157), muss jedoch Mindestanforderungen erfüllen. Infos u. a. auf kfw.de.

Sparsames Auto fahren

Was bringt das? Während viele große Autos pro Kilometer deutlich mehr als 200 Gramm CO_2 ausstoßen, begnügen sich die effizientesten Modelle mit weniger als 100 Gramm. Macht deutlich über 50 Prozent Ersparnis.

Was kann ich tun? Wer ein eigenes Auto benötigt, sollte keinen übermotorisierten Boliden, sondern ein kompaktes Modell wählen, das vergleichsweise nur wenig Kraftstoff verbraucht – oder mit Biokraftstoff, Flüssiggas beziehungsweise sauberem Strom angetrieben wird.

Extra-Tipp Ausreichender Reifendruck und niedrigtouriges Fahren senken zwar den Verbrauch, können jedoch ein emissionsarmes Auto nicht ersetzen.

„Bio" einkaufen

Was bringt das? Pestizide vernichten Unkraut und Schädlinge, aber vielfach auch Bienen und andere Nützlinge. Die Landwirtschaft gefährdet so in hohem Maß die Artenvielfalt. Ökologische Landwirtschaft steuert aktiv dagegen und zeigt: Wer grüner leben will, sollte sein Engagement nicht auf das Einsparen von CO_2 beschränken.

Was kann ich tun? Scheuen Sie nicht den Aufpreis für Bio-Produkte, planen Sie Ihre Einkäufe besser und kaufen Sie nur das, was Sie wirklich verwenden.

Extra-Tipp: Bio-Siegel ist nicht gleich Top-Ökobilanz. Achten Sie deshalb auch auf regionale Herkunft und kaufen Sie saisonal.

Weniger fliegen

Was bringt das? Auf einem Fernflug von Frankfurt/Main nach Los Angeles und zurück werden pro Person rund 3,8 Tonnen CO_2 in die Atmosphäre geblasen, auf einem Inlandsflug von Hamburg nach München immer noch 0,22 Tonnen. Diese Mengen sparen Sie ein.

Was kann ich tun? Wählen Sie Urlaubsziele, die Sie mit Bahn, Bus oder Auto erreichen können. Reduzieren Sie insbesondere die Zahl der Fernflüge. Entscheiden Sie sich im Inland grundsätzlich gegen das Flugzeug und nehmen Sie stattdessen Bahn oder Fernbus.

Extra-Tipp: Je kürzer die Entfernung, desto geringer der Zeitvorteil, den das Fliegen bietet (siehe S. 186).

Wohnfläche reduzieren

Was bringt das? Die Wohnfläche pro Kopf liegt derzeit im Schnitt bei rund 47 Quadratmetern. Neben steigendem Flächenverbrauch für immer größere Neubauten sorgt jeder Quadratmeter mehr für höheren Energieverbrauch durch Heizung und Strom, die Herstellung von Möbeln und Haushaltsgeräten etc. Wer sich flächenmäßig begrenzt, spart Kosten und Emissionen ein.

Was kann ich tun? Streben Sie bei Umzug oder Hausbau nicht nach maximaler Fläche. Ziehen Sie mit Lebensgefährten, Verwandten oder Freunden zusammen.

Extra-Tipp: Für viele ältere Menschen ist es sinnvoll, sich nach dem Auszug der Kinder zu „verkleinern".

Nachhaltig mobil sein

Was bringt das? Zu Fuß, auf dem Fahrrad, mit öffentlichen Verkehrsmitteln oder per Carsharing schadstoffarm, leise und effizient von A nach B zu gelangen entlastet Umwelt und Geldbeutel. So lassen sich Ressourcen und Energie für die Produktion eines eigenen Autos, dessen Kaufpreis, Betriebskosten sowie Emissionen (bei 10 000 km/Jahr je nach Modell zwischen ca. 1,5 und 3,5 Tonnen) sparen.

Was kann ich tun? Steigen Sie auf öffentliche Verkehrsmittel um. Gehen Sie kurze Strecken zu Fuß oder nehmen Sie dafür das Rad.

Extra-Tipp: Prüfen Sie, inwieweit Sie ÖPNV und Car- oder Bikesharing miteinander verknüpfen können.

Weniger Fleisch essen

Was bringt das? Wer seinen Verzehr an Fleisch, Wurst und Milchprodukten spürbar reduziert und vorwiegend regional und bio kauft, kann seinen CO_2-Ausstoß um rund 0,3 Tonnen im Jahr senken. Vegetarier sparen im Vergleich zu durchschnittlicher Mischkost rund 0,4, Veganer rund 0,8 Tonnen CO_2 im Jahr (Quelle: UBA/CO_2-Rechner).

Was kann ich tun? Greifen Sie in Kantine, Mensa und Restaurant bewusst zu vegetarischen Gerichten und probieren Sie, zu Hause mit weniger Fleisch zu kochen.

Extra-Tipp: Eine Alternative können Ersatzprodukte wie Soja und Seitan sein – auch Burgerpattys aus Insekten sind einen Versuch wert.

Auf Ökostrom umsteigen

Was bringt das? Wer zu einem Ökostrom-Anbieter wechselt, steigert den Anteil Erneuerbarer Energien im deutschen Strommix und hilft, Emissionen aus der Verbrennung von Kohle und Erdgas zu begrenzen. Einsparpotenzial einer vierköpfigen Familie mit einem Verbrauch von 4 000 kWh pro Jahr: rund 0,9 Tonnen.

Was kann ich tun? Suchen Sie Jahresverbrauch, Kunden- sowie Zählernummer heraus und schließen Sie im Internet einen Ökostrom-Tarif ab. Der neue Anbieter kündigt Ihren alten Vertrag.

Extra-Tipp: Umweltverbände empfehlen die Anbieter EWS Schönau, Bürgerwerke, Naturstrom und Greenpeace Energy.

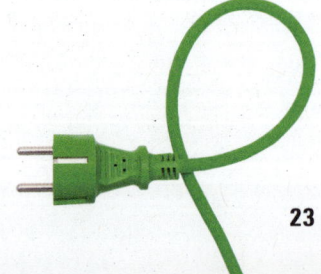

NEUE KLIMAHELDEN BRAUCHT DIE WELT!

Ob Hitzeopfer oder Sturmschäden, Ernteausfälle oder Grundwassermangel – längst spüren auch wir die Folgen des Klimawandels. Wir wissen, dass uns nur wenige Jahre bleiben, um die Erde zu retten, dass Polareis, Regenwälder und Permafrostböden verloren sind, wenn der Planet „kippt". Obwohl es höchste Zeit ist, fällt es den meisten Menschen schwer, nachhaltiger zu leben. Im Gegenteil: Das Jahr 2019 brachte Rekorde bei der Motorisierung neu gekaufter Autos (158 PS) und der Anzahl an Passagieren auf deutschen Flughäfen (124,4 Mio.). Sind wir einfach nur abgestumpft?

Schmerzhaftes wird verdrängt

Mehr als uns bewusst ist, steuern psychische Mechanismen unser Handeln. So neigt unser Gehirn dazu, allzu schmerzhafte und quälende Tatsachen zu verdrängen. Wir reden dann das Problem klein, filtern Informationen zu unseren Gunsten oder behaupten, nichts tun zu können. Das alles hindert uns daran, für gemeinschaftliche Belange einzutreten. Stattdessen diskutieren wir lieber darüber, ob Greta Thunberg übertreibt und was es bringt, seinen Müll zu trennen.

US-Autor George Marshall wies 2014 in seinem Buch „Don't Even Think About It" darauf hin, dass der Mensch im Lauf der Evolution vor allem dann wirksam auf Bedrohungen reagierte, wenn diese plötzlich kamen und von Personen ausgingen, die gegen Regeln verstießen. Der Klimawandel passt nicht in dieses Schema: Er ist seit Langem bekannt und wurde weder von einem finsteren Diktator noch von einer üblen Verbrecherbande angezettelt.

Keiner will der Erste sein

Der Kampf gegen die Erderwärmung lässt sich grundsätzlich als „soziales Dilemma" beschreiben: Eine Gruppe voneinander abhängiger Menschen – hier: wir alle, die wir uns denselben Planeten teilen – hat ein gemeinsames Problem, in diesem Fall die Bedrohung unserer Lebensgrundlagen. Das Ziel sollte folglich lauten, diese Grundlagen um jeden Preis zu schützen. Dazu müssten jedoch zumindest die Hauptverursacher – darunter wir Westeuropäer – handeln.

Das Problem: Keiner kann sich darauf verlassen, dass die anderen mitmachen. Also passiert erst einmal: nichts. Zum Glück

VERMEIDEN SIE REBOUND-EFFEKTE

SPORTFANS WISSEN, was ein Rebound ist: Der Begriff bezeichnet beim Basketball einen vom Brett oder Korbrand abprallenden Ball – als Folge eines missglückten Wurfes.

STELLEN SIE SICH VOR, der Wurf wäre eine umweltbewusste Handlung – etwa der Kauf eines abgasarmen Autos. Der im Korb versenkte Ball wäre dann der positive Umwelteffekt: weniger Emissionen. Was könnte den Wurf stattdessen zum Rebound machen? Genau: das Zunichtemachen des Umwelteffekts, indem Sie das Auto zum Beispiel mit einem deutlich PS-stärkeren Motor kaufen.

DERARTIGES PASSIERT ständig: Wir kaufen sparsame LED, lassen diese dann aber pausenlos leuchten. Wir fahren einen Kleinwagen und fliegen „zur Belohnung" zweimal im Jahr in den Urlaub. Schuld ist unsere Psyche, die uns verführt, Einsparungen zu kompensieren: Erst sparen wir Strom, Geld oder CO_2 ein – gleich darauf machen wir alles zunichte.

SOLCHE REBOUND-EFFEKTE bewirken, dass wir unterm Strich weniger oder gar nichts fürs Klima erreichen. Manche Effizienzsteigerungen schlagen sogar ins Negative um – Experten sprechen dann von „Backfire"-Effekten.

gerät dieser Stillstand, nicht zuletzt unter dem Eindruck von Initiativen wie „Fridays for Future", immer stärker in Bewegung.

Jeder kann ein Held werden!
Doch nach wie vor geben viele Menschen ihre persönliche Verantwortung einfach ab und orientieren sich daran, was andere tun. Motto: Sollen die ruhig beginnen, ich kann mich später ja eventuell anschließen. Das Fatale: Je mehr Menschen involviert sind, desto geringer die Wahrscheinlichkeit, dass ein Einzelner handelt. Sozialpsychologen sprechen auch vom „Zuschauereffekt".

Hinzu kommt die Angst, in einer kritischen Lage das Falsche zu tun oder sich dem Gespött anderer auszusetzen. Es ist noch nicht lange her, dass Menschen, die angesichts der Corona-Pandemie Gesichtsmasken trugen und den Sicherheitsabstand einhielten, belächelt wurden – obwohl sie damit andere schützten. Doch in Krisen braucht es Menschen, die unbeirrt handeln und so zu Vorbildern werden. Heute sind „Klimahelden" gefragt, die Nachhaltigkeit vorleben – privat und beruflich. Die Chance dazu hat jeder, auch wenn der Applaus eventuell auf sich warten lässt.

Mut und Engagement
Nur zu Hause Gutes zu tun wird den Klimawandel nicht stoppen. Entscheidend ist es, im Job, in Schule und Freizeit auf das Thema hinzuweisen und aktiv Veränderungen einzufordern.

GEMEINSAM DIE WELT RETTEN!

Allen schlechten Nachrichten zum Zustand von Umwelt und Klima zum Trotz – es ist noch nicht zu spät. Nicht nur, dass uns die Corona-Krise unverhofft – und um den Preis Zehntausender Menschenleben – einen kleinen Aufschub verschafft hat. Immer mehr Menschen erkennen, dass es Zeit ist, nicht mehr abzuwarten, sondern selbst aktiv zu werden. Wer seinen Kindern eine lebenswerte Erde hinterlassen will, engagiert sich jetzt. Möglichkeiten dazu gibt es viele.

Im Alltag handeln Radeln statt Autofahren, Bio-Produkte kaufen, energiesparend heizen – jeder kleine Schritt zeugt von Engagement, reicht aber nicht aus. Je mehr Menschen Sie mit Ihren Ideen anstecken, desto größer der Effekt! Organisieren Sie etwa im Betrieb eine Mitfahrzone, in die sich Mitarbeiter stellen können, die zum Bahnhof mitgenommen werden wollen. Fahrgemeinschaften lassen sich auch für den Weg zur Arbeit oder in die Schule bilden.

Spenden Umweltverbände und Klimaschutzinitiativen sind auf Spendengelder angewiesen. Damit Ihr Geld auch ankommt, sollten Sie Infos einholen. Seriöse Organisationen – darunter viele, die für den Klimaschutz arbeiten – tragen das Gütesiegel des Deutschen Zentralinstituts für Soziale Fragen (DZI). Infos: dzi.de

Gleichgesinnte finden Über soziale Medien wie Facebook, Twitter und Xing sowie Nachbarschaftsportale wie nebenan.de lassen sich andere engagierte Menschen aus der Nähe finden, mit denen Sie konkrete Vorhaben wie zum Beispiel die Müllbeseitigung auf Wegen oder Bürgerenergieprojekte realisieren können.

Mitglied werden In Deutschland gibt es jede Menge Organisationen, Verbände und Vereine, die für den Klima- und Umweltschutz tätig sind. Warum nicht Mitglied werden? Viele Organisationen haben lokale Arbeitsgruppen, in denen Sie mitdiskutieren und Projekte erarbeiten können. Infos und Kontaktdaten rund um Bürgerbeteiligung und engagierte Gruppen vor Ort bieten u. a. die Bundeszentrale für politische Bildung sowie viele Kommunen auf ihren Websites.

Demonstrieren Gehen Sie mit anderen auf die Straße und treten Sie dafür ein, dass sich die Rahmenbedingungen für den Klimaschutz ändern, etwa Ausbau des öffentlichen Nahverkehrs oder Begrenzung von Billigflügen und Abbau von Subventionierung des Autofahrens.

Viele Dinge, die wir einkaufen, haben aufgrund von Herstellung und Transport jede Menge Emissionen im Gepäck. Da macht es für ihre Ökobilanz gar nicht mehr so viel aus, dass sie obendrein aufwendig verpackt sind. Dennoch ist das Vermeiden von Plastikmüll ein wichtiger Schritt in Richtung nachhaltiger Konsum, denn Millionen Tonnen landen in Flüssen und Meeren – und kehren als Mikroplastik wieder zu uns zurück.

EINKAUFEN UND VERPACKUNG

GRÜN KONSUMIEREN: WEG MIT DEM WEGWERFWAHN!

Was ein Plastik-Trinkhalm, eine Avocado und ein SUV gemeinsam haben? Ganz einfach: Der Trinkhalm steht für Produkte, die nach einmaligem Gebrauch im Müll – oder in der Natur – landen. Avocados sind zu Symbolen für riesige Monokulturen geworden, deren Ernte über Tausende Kilometer zu uns transportiert wird. SUVs schließlich brachten es wegen ihres hohen Kraftstoffverbrauchs und der resultierenden Abgasmengen zu zweifelhafter Berühmtheit.

Alle drei stehen für das Konsumverhalten vieler Menschen, die sich nicht um die Folgen des eigenen Handelns kümmern. Im Zentrum des Strebens steht maximaler Genuss im Hier und Jetzt. „Nachhaltig" einzukaufen heißt dagegen, auf ökologische und soziale Aspekte zu achten – und davon gibt es viele.

Von Produktion und Transport ...

So wurde alles, was wir kaufen, irgendwo geerntet, abgebaut oder hergestellt. Bleiben wir bei der Avocado. Sie ersetzt nicht nur für Veganer die „Problemzutaten" Butter und Eier und gilt als Superfood, das bei uns mittlerweile ganzjährig erhältlich ist. Doch für ihren Anbau werden in Chile, Mexiko und Südafrika Wälder gerodet, ganze Landstriche zu Plantagen, für die oft sämtliches verfügbare Wasser abgezweigt wird. Eine einzige Avocado benötigt bis zu 400 Liter! Die riesigen Profite aus dem Verkauf streichen große Unternehmen ein, während Arbeiter und Anwohner buchstäblich auf dem Trockenen sitzen. Von Emissionen bei Herstellung und Transport nicht zu reden.

... bis zu Nutzung und Entsorgung

Beispiel zwei: ein Smartphone. In ihm stecken neben Kunststoff und Keramik auch Gold, Platin, Palladium und „seltene Erden" wie Tantal. Schon bei deren Abbau fängt es oft an: Kinderarbeit, giftige Abfälle, Wasserverschmutzung. Bei der Herstellung geht es weiter: schlechte Arbeitsbedingungen, niedrige Löhne etc. Bevor das Smartphone verkauft wird, sind Öko- und soziale Bilanz schon tiefrot. Immerhin können Käufer einen gewissen Einfluss nehmen, indem sie ihr Gerät möglichst lange verwenden, Schäden reparieren lassen und es am Ende korrekt entsorgen, damit wertvolle Rohstoffe wiedergewonnen werden können.

LOSLEGEN UND EIGENE BILANZ VERBESSERN

WENIGER KONSUMIEREN. Minimalisten vermeiden überflüssigen Konsum. Stattdessen machen sie viele Dinge selbst, kaufen gebrauchte Sachen, teilen sie mit anderen Menschen oder leihen sie sich von ihnen.

VERPACKUNGEN EINSPAREN. Beim Konzept „Zero Waste" geht es um ein Leben ohne Müll. Dazu gehört unter anderem, Lebensmittel lose zu kaufen, konsequent Mehrwegsysteme zu nutzen und auf möglichst langlebige Produkte zu setzen. Bereits das Reduzieren der im eigenen Haushalt anfallenden Müllmenge hilft der persönlichen Bilanz.

BEWUSST KAUFEN. Wer sich nachhaltig ernähren will, für den sind Produkte mit Bio-Siegel zu empfehlen. Öko-Landwirtschaft schont die Böden, fördert die Artenvielfalt und gewährt Tieren mehr Platz und Auslauf als konventionelle Produktion. Unter Emissionsaspekten sind auch regionale und saisonale Lebensmittel zu empfehlen.

WENIGER VERSCHWENDEN. Ob Lebensmittel, Konsumgüter, Energie oder Wasser – wer darauf achtet, nicht mehr zu kaufen und zu verbrauchen als nötig, verursacht weniger Treibhausgase – und spart außerdem Geld.

Gesetze und Siegel helfen

Das alles ist komplex, zumal wir beim Kauf oft ganz schön allein dastehen. Zumindest in Ansätzen helfen uns Gesetze wie die EU-Ökodesign-Richtlinie weiter, die Energieschleudern wie die früheren Glühbirnen aus dem Verkehr zog und dafür sorgte, dass der Standby-Verbrauch von Elektrogeräten heute auf einem erträglichen Level ist.

In Super- und Elektronikmärkten, Möbelhäusern und Reisebüros helfen uns Öko- und Sozialsiegel bei der Orientierung. Nur wenige sind top, aber mit dem Blauen Engel, dem EU-Energielabel und dem Bio-Siegel kommt man schon ein ganzes Stück weiter (siehe dazu ab S. 50).

Fast jeder hat mehrere Rollen

Und noch etwas: Wenn Sie als Privatperson nachhaltiger einkaufen, tun Sie einen wichtigen Schritt. Haben Sie auch die Chance, als Unternehmer, Mitarbeiter oder Vereinsmitglied dafür zu sorgen, dass künftig Recyclingpapier verwendet, in eine Solaranlage investiert oder nur noch Mehrwegflaschen genutzt werden, können Sie viele Schritte auf einmal auslösen und den Effekt für Klima und Umwelt immens steigern.

EINWEG-BECHER?

FAST FOOD FÜR UNTERWEGS ist schon länger üblich. Seit einigen Jahren gibt es auch Heißgetränke „to go" – die Folgen sind nicht zu übersehen.

Laut Umweltbundesamt verursachen Wegwerfbecher pro Jahr **28 000 TONNEN** Abfall – das entspricht der Füllmenge von 8 Millionen öffentlichen Müllbehältern.

Abfälle von Einwegbechern gehören zu den zehn häufigsten **MÜLLFUNDEN** an europäischen Stränden.

34 EINWEGBECHER IM JAHR verbraucht laut Statistik jeder hierzulande, um Heißgetränke daraus zu schlürfen. Die Hälfte davon nutzt er unterwegs – im Freien, in der Bahn, im Auto. Zum einen ist das sehr bequem, zum anderen kostet es keinen Cent extra. Übrig bleiben jedes Jahr 2,8 Milliarden Becher. Sie bestehen meist aus Plastik oder beschichteter Pappe. Hinzu kommt in den meisten Fällen ein Plastikdeckel. Weil oft gerade kein Müllbehälter in der Nähe ist – oder dieser überquillt –, landet ein Teil des Abfalls auf der Straße oder in der Natur.

EIGENER BECHER!

WER SEINEN KAFFEE ÖFTER unterwegs trinkt, kauft sich am besten einen persönlichen Mehrwegbecher – sollte aber auf dessen Material achten.

Die meisten Cafés und Bäckerläden füllen saubere Mehrwegbecher gern auf und gewähren teilweise sogar einen Rabatt. Wichtig: Bringen Sie auch den **PASSENDEN DECKEL** mit. Einwegdeckel belasten die Umwelt deutlich stärker als Pappbecher.

Ein wenig Ausdauer erfordert das Ganze jedoch schon: Erst ab ca. **50 MAL NACHFÜLLEN** fallen die Emissionen, die bei der Produktion und Entsorgung eines Mehrwegbechers entstehen, kaum noch ins Gewicht.

FORM, FARBE, DEKOR – mit Mehrwegbechern lassen sich Statements setzen. Als besonders nachhaltig gelten Becher aus Bambus. Doch die sind weder biologisch abbau- noch recycelbar. Ihre Fasern sind zudem oft mit Melaminharz verklebt – wie unser Test 2019 zeigte, kann Melamin in Heißgetränke übergehen und Erkrankungen des Blasen- und Nierensystems sowie Augen- und Hautreizungen hervorrufen. Das Einatmen von Formaldehyd kann sogar zu Krebs im Nasen-Rachen-Raum führen. Setzen Sie besser auf Isolierbecher aus Edelstahl.

EINMAL PAPIER UND PLASTIK ZUM WEGWERFEN, BITTE!

Im Fast-Food-Restaurant, am Stehimbiss, an der „Heißen Theke" in Tankstelle oder Metzgerei oder am Verkaufsautomaten auf dem Bahnsteig – befällt uns unterwegs der Hunger, bekommen wir zu unserem Essen meist automatisch Einweggeschirr und -besteck und/oder eine Verpackung dazu. Wie sollten wir Pommes, Döner-Teller oder Hähnchen sonst auch essen – geschweige denn nach Hause bringen?

Fast 350 000 Tonnen Einwegmüll

Alle Teller, Boxen und Schalen, die wir in Deutschland pro Jahr benutzen, auf einen Haufen geworfen, ergäben einen gigantischen Müllberg aus Papier, Pappe und Karton, Kunststoffen sowie ein wenig Aluminium und Naturmaterialien. Der Naturschutzbund Deutschland e. V. ließ die Gesellschaft für Verpackungsmarktforschung (GVM) diesen Berg für das Jahr 2017 einmal „wiegen". Ergebnis: 281 186 Tonnen! Hinzu kamen 65 645 Tonnen Party- und Picknickbedarf – Einweggeschirr, Grillschalen und Verpackungen, die Menschen unbefüllt kauften. Insgesamt also 346 831 Tonnen – fast 35-mal so schwer wie der Eiffelturm!

Einweg ist praktisch und billig

Zumindest ein Teil dieses Mülls ist zweifellos dem Zeitgeist und unserer Bequemlichkeit geschuldet. Im Jahr 1994 war der „Einwegberg" noch um 44 Prozent – also fast die Hälfte – leichter. Doch seither boomen Außer-Haus-Verzehr und Lieferdienste, kochen immer weniger Menschen täglich zu Hause, haben aber genug Geld, um sich von Dienstleistern verpflegen zu lassen. Das Fatale ist nicht, dass wir das tun – jeder entscheidet selbst, wie er sich ernährt und wie viel Zeit er sich dafür nimmt. Problematisch ist, dass es für Restaurant- und Imbissbetreiber billiger ist, auf Einwegprodukte zu setzen, als Geschirr, Besteck und Transportboxen zurückzunehmen, zu reinigen und erneut zu verwenden.

Spuren der Wegwerfgesellschaft

Und mit dem Essen ist es keineswegs getan. Überlegen Sie mal, welche Einwegprodukte Sie außerdem nutzen: Aus all den Rasierern, Küchenhandschuhen, Feucht- und Putztüchern und Kaffeekapseln ließe sich bestimmt ein weiterer Berg aufhäufen, der dem ersten kaum nachstünde.

EINWEG

6 983 Tonnen

Einwegbesteck (inklusive Eislöffel, Essstäbchen, Rührstäbchen, Strohhalme)

7 019 Tonnen

Becher für Speisen (z. B. Suppenbecher, Obst- und Müslibecher, Popcornbecher)

9 062 Tonnen

Portionsverpackungen (z. B. Becher für Dressings, Kondensmilch, Ketchup und Zucker)

26 789 Tonnen

Becher und Tassen für Kaltgetränke aus Papier und Kunststoff (inklusive Deckel)

28 645 Tonnen

Becher und Tassen für Heißgetränke aus Papier und Kunststoff (inklusive Deckel)

36 590 Tonnen

Teller, Schalen und Tabletts (z. B. Suppenteller, Menüteller, Salatschalen)

39 481 Tonnen

Beutel, Einschläge und Zuschnitte (z. B. Sandwichbeutel, Thermobeutel, Wrappings)

65 645 Tonnen

Unbefüllt gekauftes Einweggeschirr, Grillschalen, Eislöffel, Strohhalme etc. (Partybedarf)

119 879 Tonnen

Formstabile Menü- und Snackboxen (z. B. Lunchboxen, Nudelboxen, Pizzaschachteln)

MIKROPLASTIK: (FAST) ALLE WEGE FÜHREN INS MEER

Auf einem einzigen Quadratmeter Meeresboden finden sich bis zu 1,9 Millionen winziger Plastikteilchen. Das berichtete kürzlich ein internationales Forscherteam im Fachmagazin Science nach Untersuchungen im Mittelmeer. Insgesamt gelangen jährlich etwa 10 Millionen Tonnen Plastik in die Weltmeere. Wellen, Sonne und Wind zerkleinern Tüten, Cremetuben, Fischernetze und anderen Müll zu Mikroplastik. Zu diesen als „sekundär" bezeichneten kommen „primäre" Plastikpartikel, wie sie Peelings, Duschgels und Textilfasern enthalten können. Sie gelangen über Abwässer in Flüsse und Meere. Je kleiner sie sind, desto größer die Gefahr, dass sie von Tieren – und später von Menschen – aufgenommen werden.

Längst Teil der Nahrungskette

Mikroplastik befindet sich in allen Tiefen des Meeres, nur ein Bruchteil schwimmt an der Oberfläche. Es wurde bereits in Kleinstlebewesen (Zooplankton), Muscheln, Würmern, Fischen, Vögeln und Robben gefunden und ist Teil der Nahrungskette. Das ist auch deshalb gefährlich, weil Kunststoffe aufgrund ihrer Oberflächenbeschaffenheit im Wasser befindliche Schadstoffe anziehen und sammeln, die Tiere dann mit dem Mikroplastik aufnehmen. Die Folgen für Meeresbewohner sind oft gravierend: Sie reichen von Entzündungsreaktionen und Veränderungen des Gewebes bis zu Vergiftungen und inneren Verletzungen.

Reifenabrieb und Plastikgranulat

Laut einer Studie des Fraunhofer-Instituts für Umwelt-, Sicherheits- und Energietechnik verschmutzen auch wir in Deutschland die Umwelt mit Mikroplastik – pro Jahr mit 364 000 Tonnen. Ein Großteil entsteht durch Abrieb, etwa von Straßenbelägen, Fahrzeugreifen und Schuhsohlen.

Inwieweit Plastikgranulat verweht wird, das als Füllmaterial auf Kunstrasenplätzen liegt, ist noch umstritten. Fest steht, dass beim Waschen von Textilien Plastikpartikel aus Kunstfasern, etwa Fleece, ins Abwasser gelangen. Kunststoffe kommen auch in Wasch- und Reinigungsmitteln sowie Kosmetika zum Einsatz – jedoch seltener als feste Bestandteile, sondern eher in flüssiger, gel- oder wachsartiger Konsistenz. Schließlich wird Mikroplastik in Farben, Lacken so-

WIE SIE KUNSTSTOFFPARTIKEL VERMEIDEN

NOCH WENIG ERFORSCHT IST, ob und wie Mikroplastik der Gesundheit schadet. Wer vermeiden will, dass es in der Umwelt landet, sollte folgende Tipps beherzigen:

WENIGER AUTO FAHREN Reifenabrieb als eine Hauptquelle ist ein Grund mehr, so oft wie möglich auf Fahrrad oder öffentliche Verkehrsmittel umzusteigen. Auch eine defensive Fahrweise und langlebige Reifen helfen.

PLASTIK RICHTIG ENTSORGEN Lassen Sie im Wald und am Strand keinen Plastikabfall zurück. Entsorgen Sie ihn in Müllbehältern.

Was in öffentlichen Behältern landet, wird verbrannt. Plastikmüll aus Gelben Säcken und Tonnen wird recycelt oder verbrannt.

BEWUSST EINKAUFEN Verzichten Sie auf Wasch- und Reinigungsmittel sowie Kosmetika, die Kunststoffe wie Polyethylen enthalten. Naturkosmetika dürfen kein Mikroplastik enthalten, wenn sie das NaTrue-, BDIH- oder Ecocert-Siegel tragen. Ecolabel oder Blauer Engel markieren mikroplastikfreie Waschmittel. Vermeiden Sie darüber hinaus Plastikverpackungen für Brot, Gemüse und Obst sowie Einwegflaschen.

wie Beschichtungsmitteln für Zitrusfrüchte und Textilien verwendet.

Extra-Tipp: Unter bund.net/mikroplastik bietet der Bund für Naturschutz und Umwelt (BUND) kostenlos eine Liste mit Kosmetika an, die Mikroplastik enthalten.

Wind, Regen und Abwasser

Mikroplastik, das als Abrieb entsteht, wird durch den Wind in die Luft geblasen, durch Regen in Böden, ins Oberflächenwasser und die Kanalisation gespült. Dort landen auch Partikel, die beim Wäschewaschen oder Gebrauch von Kosmetika entstehen. 95 Prozent davon filtern Kläranlagen zwar

heraus. Da jedoch mit dem Klärschlamm noch immer Äcker gedüngt werden, gelangt ein Teil zurück in die Umwelt. Wie viel davon im Boden bleibt und wie viel ins Meer geschwemmt wird, lässt sich kaum seriös schätzen. Mikroplastik aus der Natur zu entfernen ist jedenfalls nicht möglich.

Damit nicht genug: Immer mehr Partikel kehren zu uns zurück: über die Muscheln, die wir essen, die Luft, die wir atmen, das Wasser, das wir trinken. Australische Forscher schätzten nach Auswertung von 51 Studien, dass jeder Mensch pro Woche 5 Gramm Mikroplastik aufnimmt.

ZWEIMAL?

PAPIERTÜTEN STEHEN IM RUF, umweltschonender zu sein als die Konkurrenz aus Plastik. In Wahrheit fällt ihre Ökobilanz deutlich schlechter aus.

Papiertüten haben ein Öko-Image, sind jedoch **EINWEGPRODUKTE**. Ohne Altpapieranteil und anschließendes Recycling können sie laut Deutscher Umwelthilfe (DUH) erst nach mindestens dreimaliger Nutzung mit Plastiktüten konkurrieren.

Papiertüten müssen viel dicker sein als Plastiktüten, um dieselbe **REISSFESTIGKEIT** zu haben. Folglich ist für die Herstellung viel mehr Material nötig, was wiederum zu höheren Emissionen beim Transport führt.

NUR KEIN KUNSTSTOFF! So lautet die Devise, wenn uns an der Kasse im Supermarkt einfällt, dass wir mal wieder keine Tasche dabeihaben. Ohne weiter nachzudenken, greifen wir nach der – meist deutlich teureren – Papiertüte. Zu Hause stellen wir ernüchtert fest, dass die Tüte bereits gerissen ist und sich nicht erneut verwenden lässt. Was nehmen wir uns fürs nächste Mal vor? Genau: vorsichtiger mit der empfindlichen Tüte umzugehen, damit sie mindestens noch ein weiteres Mal durchhält. Prüfen Sie doch mal, wie oft Ihnen das gelingt…

ZWANZIGMAL!

AUCH FÜR PLASTIKTÜTEN GILT: Je öfter im Einsatz, desto besser die Bilanz. Doch für den häufigen Gebrauch gibt es stabilere Alternativen.

Laut Handelsverband sank der Pro-Kopf-Verbrauch an Plastiktüten in Deutschland 2018 auf **24 TÜTEN** im Jahr (2015: 67). Nicht erfasst sind Kioske, Imbisse und Wochenmärkte, wo Plastiktüten weiterhin kostenlos ausgegeben werden.

Auch die kostenlosen Einwegtütchen für lose verkauftes Obst und Gemüse verursachen Plastikmüll. Die beste Alternative sind kompakte **MEHRWEGNETZE**, wie sie Supermärkte verkaufen.

DIE BESTE PLASTIKTÜTE IST – KEINE. Selbst wenn Sie sie mehrmals verwenden: Die meisten landen schnell im Müll. Tüten aus recyceltem Kunststoff, erkennbar am Blauen Engel, sparen immerhin die Hälfte an CO_2 ein. So richtig „fit for heavy use" sind Taschen aus dickerem Kunststoff oder Naturfasern. Da bei ihnen jedoch Rohstoffanbau, Produktion und Transport aufwendiger sind, geht die Rechnung nur im Dauereinsatz auf! So schneiden Baumwollbeutel laut DUH nur dann besser ab als Plastiktüten, wenn sie 25- bis 32-mal benutzt werden.

DIE NEUE VERPACKUNGSDIÄT

MEHR MEHRWEG! Was wir kaufen, ist oft unnötig verpackt. Im Jahr 2017 entfielen auf jeden von uns 107 Kilogramm Verpackungsabfall – ein Großteil davon schwierig zu recycelnde Kunststoffe.

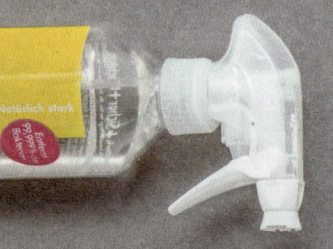

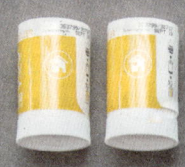

Großpackungen kaufen

Je haltbarer ein Lebensmittel ist und je mehr man davon verzehrt, desto weniger Sinn haben kleine Portionspackungen wie Kaffeekapseln, Teebeutel, Schmelzkäse-Ecken und Zuckertütchen.

Möglichst nachfüllen

Aufs Konto der Verpackung geht nur ein Bruchteil der Umweltbelastung eines Produkts. Doch am Ende zählt auch jeder kleine Beitrag.

Auf Mehrweg setzen

Ob aus Glas oder PET – wiederbefüllbare Gebinde sparen Rohstoffe und Energie. Dadurch verursachen sie deutlich weniger Emissionen.

Geeignetes Papier wählen

Eine Verpackung aus Papier ist nicht automatisch umweltfreundlicher als eine aus Plastik – ist sie jedoch ungebleicht, unbeschichtet und recycelbar, reduziert das die Müllmenge und peppt die Ökobilanz spürbar auf!

Unnötigen Müll vermeiden

Kleine Portionen in Riesen-packungen, doppelt eingetütete Süßigkeiten, aufgeblähte Luxus-schachteln – „überverpackte" Produkte verursachen Tonnen an Müll.

Lose Ware bevorzugen

Wer Käse, Fisch, Fleisch und Wurst an der Frischetheke und Obst und Gemüse lose ein-kauft, spart sich einen Wust an Plastik, von dem später nur ein Bruchteil recycelt wird.

SIE SCHÜTZT DEN INHALT, ermöglicht dessen Lagerung und Transport und informiert uns, was drin ist – in Lebensmitteln, Hygiene- und Kosmetikprodukten. So weit, so nachvollziehbar. Darüber hinaus soll uns die Verpackung zum Kauf animieren. Ist sie größer und bunter als die Konkurrenz oder lässt sie sich erneut verschließen, hat sie gute Chancen. Der Haken: Verpackungen – vor allem aus Plastik – sind meist nicht auf Recycling ausgelegt und wegen ihrer Materialvielfalt schwierig zu sortieren – etwa die Hälfte wird deshalb verbrannt. Die andere steht fürs Recycling zur Verfügung. Dafür werden ca. 20 Prozent des Plastikmülls ins Ausland, vor allem nach Südostasien, exportiert. Umweltschützer gehen davon aus, dass ein Teil dort auf wilden Deponien landet und sich zu Mikroplastik zersetzt oder über Flüsse ins Meer gelangt. Deshalb: Verpackungen korrekt zu entsorgen ist nur der zweite Schritt. Möglichst darauf zu verzichten ist der erste, wichtigere.

SCHRITT FÜR SCHRITT: IM UNVERPACKT-LADEN EINKAUFEN

1. Sortiment studieren Haben Sie „Ihren" Unverpackt-Laden gefunden, informieren Sie sich auf dessen Website, was es dort alles gibt. Unverpackt einkaufen hat viel mit Planen zu tun!

2. Einkaufsliste schreiben Notieren Sie, was Sie kaufen wollen – am besten inklusive der benötigten Menge. Tipp: Kaufen (und bezahlen) Sie nur so viel, wie Sie auch verbrauchen können.

3. Behälter und Deckel einpacken Achten Sie auf ausreichend viele und verschieden große saubere Dosen und Gläser. Reichen diese nicht – gibt es im Laden welche zu kaufen oder leihen.

4. Tara-Gewichte ermitteln Das Gewicht der leeren Behälter notieren Sie auf den Deckel oder ein Etikett. Das Leergewicht wird beim Wiegen an der Kasse vom Gesamtgewicht abgezogen.

5. Produkt und MHD notieren Füllen Sie die benötigten Produkte wie Nudeln, Müsli, Hülsenfrüchte, Gewürze, Süßigkeiten oder auch Waschmittel in Ihre Behälter und beschriften Sie diese.

6. Einkäufe bezahlen Da alles gewogen werden muss, dauert das Bezahlen länger. Mangels Barcode-Scanner muss man als Kunde im Zweifel ansagen, um welches Produkt es sich handelt.

7. Sicher nach Hause bringen Ob im Rucksack, der Packtasche oder dem Einkaufskorb – polstern Sie Zwischenräume aus. Vor allem Gläser und Plastikeimerchen zerbrechen sehr leicht!

8. In eigene Behälter umfüllen Noch ein wenig Arbeit, die sich aber lohnt: Füllen Sie Ihre Einkäufe daheim in geeignete Behälter wie dekorative Vorratsgläser oder praktische Schütten.

SO GEHT ONLINE EINKAUFEN EIN STÜCK NACHHALTIGER

Wenn alle nur noch im Internet einkaufen, schließen immer mehr kleine, individuelle Läden – längst ist diese Entwicklung in vollem Gang. Selbst größere Geschäfte und Warenhäuser sind in ihrer Existenz bedroht, weil letztlich wir, die Kunden, es so wollen.

Ob Wintermantel oder Kleiderschrank, ob Gemüse oder Rindersteak – all das kaufen wir immer öfter, ohne einen Fuß vor die Tür zu setzen. Was uns nicht passt oder gefällt, schicken wir innerhalb von zwei Wochen kostenfrei zurück. Das ist bequem – nachhaltig ist es nicht. Wer auch im Netz verantwortungsvoll shoppen will, sollte erst überlegen und dann klicken.

1. Bündeln Sie Ihre Einkäufe

Bestellen Sie möglichst auf einen Rutsch. Jeder Artikel, der separat verpackt, und jedes Paket, das einzeln versendet werden muss, erzeugt unnötige Emissionen. Nutzen Sie dazu den Einkaufskorb, in dem Sie zumindest als eingeloggter Kunde Artikel sammeln und dessen Inhalt sie abspeichern können. Versuchen Sie, gemeinsam mit Familienmitgliedern, Nachbarn und Freunden zu bestellen. Verzichten Sie auf Expressbestellungen. Die dahinter stehenden Lieferprozesse sind oft wenig effizient und verursachen erhöhte Umweltkosten.

2. Vermeiden Sie Retouren

Nach vorsichtigen Schätzungen der Universität Bamberg wurden 2018 in Deutschland rund 280 Millionen Pakete mit 490 Millionen Artikeln zurückgeschickt – jedes sechste Paket und jeder achte Artikel. Es lohnt sich für den Händler in vielen Fällen nicht, diese auf Mängel zu prüfen und neu auszuzeichnen – folglich wurden rund 20 Millionen Artikel vernichtet. Wägen Sie deshalb genau ab, was Sie haben wollen. Nutzen Sie bei Kleidung und Schuhen die Möglichkeiten, Ihre Größe zu bestimmen. Verzichten Sie darauf, mehrere Größen zu bestellen und dadurch Retouren zu verursachen.

3. Bevorzugen Sie regionale Shops

Klar bieten Branchenriesen wie Amazon, Zalando und Thalia die größte Auswahl. Doch haben sie ihre Lager nicht unbedingt bei Ihnen um die Ecke – weite Transportwege sind oft die Folge. Prüfen Sie deshalb, ob Sie bei Händlern aus Ihrer Nähe bestellen

ONLINE-SUPERMÄRKTE: NICHT GANZ SO COOL

DIE ANBIETER HEISSEN Amazon Fresh, Bringmeister, MyTime.de oder Rewe Lieferservice. Ihr Versprechen: im Internet bestellte Lebensmittel pünktlich und frisch nach Hause zu liefern. Klingt nach einer guten Alternative – vor allem für gestresste Berufstätige und computeraffine Senioren – aber nicht nach Umweltschutz. Stichworte: Verpackung und Kühlung.

VOR ETWA ZWEI JAHREN – im Oktober 2018 – nahm test zehn Online-Supermärkte unter die Lupe. Mehr als ein „Befriedigend" schaffte keiner. Zwar waren die Lieferungen pünktlich und richtig zusammengestellt – doch von 245 bestellten Kühlwaren kamen 136 zu warm an. Zudem fiel eine Menge Verpackungsmüll an.

LEBENSMITTEL ONLINE ORDERN, aber die Umwelt wenig belasten? Das ist zumindest eingeschränkt möglich. Setzen Sie dafür auf Anbieter in Ihrer Nähe, die mit eigenen Fahrzeugen – und nicht per Paketdienst – liefern. Je kürzer der Transportweg, desto geringer der Kühlaufwand. Achten Sie darauf, dass der Einkauf möglichst im Mehrwegbehälter kommt und in Papiertüten verpackt ist. Der Lieferant sollte Pfandflaschen sowie Verpackungsmüll kostenlos wieder mitnehmen.

können. In solchen Fällen kann Online-Shopping – und die Lieferung per „Sammeltransport" – sogar nachhaltiger sein als die Shoppingtour mit dem eigenen Auto. Wer statt mit dem Auto konsequent mit Bus, Tram oder Fahrrad zum Einkaufen fährt, ist umwelttechnisch immer im Vorteil.

4. Erleichtern Sie die Zustellung

Nachhaltig leben ist mehr als Klimaschutz – auch faire Arbeitsbedingungen spielen eine Rolle – das gilt für Logistikzentren großer Online-Händler und Zustellfirmen. Grundlegende Selbstauskünfte finden sich auf Internetseiten und in Geschäftsberichten. Darüber hinaus können Sie per E-Mail nach sozialen Mindeststandards und deren Weitergabe an Subunternehmen, Maßnahmen für Gesundheit und Arbeitsschutz, der Rolle des Umweltschutzes sowie nach der Umsetzung ökologischer Beschaffungsrichtlinien fragen. Paketboten erleichtern Sie die Arbeit, indem Sie ihnen vergebliche Zustellversuche ersparen. Benennen Sie über die Sendungsverfolgung einen Nachbarn oder Ort, an dem Ihr Paket hinterlegt werden kann. Bei DHL können registrierte Kunden dafür auch die Packstationen nutzen.

ECHT BILLIG?

HAUPTSACHE, SCHNÄPPCHEN! Damit wir zu Tiefstpreisen mit der Mode gehen können, werden woanders Menschen ausgebeutet und die Natur zerstört.

Allein für die Herstellung eines 250 Gramm schweren T-Shirts werden **2495 LITER WASSER** verbraucht – für eine Jeans sind sogar rund 7 000 Liter nötig.

Im Schnitt kauft jeder von uns 40 bis 70 Kleidungsstücke pro Jahr – das entspricht ca. **15 KILOGRAMM**. Das meiste davon wird höchstens ein bis drei Jahre getragen.

ACHTUNG!
Schätzungen zufolge gehen rund 5 Prozent der weltweiten CO_2-Emissionen auf das Konto der Modeindustrie.

BILLIG VIEL KAUFEN, selten oder nie tragen, schnell wegwerfen – angekurbelt von Textilfirmen, ist Kleidung zur Wegwerfware geworden. Den Preis zahlen Mensch und Umwelt in Asien: Allein 3 500 giftige Chemikalien kommen bei der Herstellung unserer Kleider zum Einsatz.

95 Kleidungsstücke besitzt bei uns jeder Erwachsene im Schnitt – Frauen 118, Männer 73 Teile. Macht 5,2 Milliarden.

Laut einer Umfrage wird 1 Milliarde davon „fast nie" getragen, eine weitere Milliarde „sehr selten" (Quelle: Greenpeace 2015).

WIRKLICH GÜNSTIG!

KLASSE STATT MASSE: Sich ein paar nachhaltig produzierte Highlights zu gönnen und diese lange zu tragen ist viel schöner – und günstiger.

Hochwertige und wenig getragene Kleidung bekommen Sie zu günstigen Preisen gebraucht über **SECOND-HAND-LÄDEN**, Flohmärkte und Online-Portale. Wer second-hand kauft, schont Ressourcen und Klima.

Wer Textilien aus Baumwolle kauft, sollte auf **BIO-QUALITÄT** achten. Die gibt es mittlerweile in allen Preiskategorien.

FAIRE MODE HAT NICHTS mit weiten, braunen Leinengewändern zu tun. Faire Kleider sind genauso trendy wie Billigklamotten, bieten jedoch eine Menge mehr: biologisch angebaute Rohstoffe, nachhaltige Lieferketten, einen Mindestlohn für Arbeiter und Verzicht auf Chemikalien.

Achten Sie auf unabhängige Siegel wie GOTS (Global Organic Textile Standard) und Bluesign für Outdoor-Kleidung. Weitere Siegel sind das EU-Ecolabel, Fairtrade, Fair Wear Foundation und Naturland. Die Suche nach fairer und nachhaltiger Mode erleichtern auch spezialisierte Anbieter wie Hess Natur oder Waschbär.

GRÜNER BAUM?

NICHT JEDES „GRÜNE" SIEGEL ist gleich „Greenwashing" – doch viele Bekenntnisse zu Umwelt und Klima dienen allein dem Produktmarketing.

48 Prozent der Verbraucher sind bereit, für nachhaltige Produkte **MEHR GELD** auszugeben. Das ergab 2019 eine Umfrage der Unternehmensberatung Accenture.

Die Begriffe „klimafreundlich" und „umweltschonend" sind genauso wenig definiert oder rechtlich **GESCHÜTZT** wie „regional" und „von hier".

VOLL OK!

„GREENWASHING" – also „grün waschen" – ist eine Strategie, mit deren Hilfe Unternehmen sich und ihren Produkten ein ökologisches Image verpassen wollen. Am einfachsten funktioniert das über „grüne" Bilder und Symbole. Jeder hat sie schon gesehen – die glücklichen Hühner oder Kühe auf einer saftigen Wiese, garniert mit ökologischem Wortgeklingel. Weitere Anzeichen für Grünfärberei sind das gezielte Betonen positiv erscheinender Fakten sowie das Hantieren mit selbst erfundenen Stempeln und Siegeln, die Nachhaltigkeit suggerieren.

BLAUER ENGEL!

UNABHÄNGIG UND GLAUBWÜRDIG sind Umweltzeichen wie das EU-Energie-label, das Bio-Siegel – und eine bekannte stilisierte Flügelfigur.

Der Blaue Engel ist in **120 PRODUKTGRUPPEN** präsent, von Papier über Drucker bis zu Sonnenkollektoren. Für jede gelten eigene Anforderungen – etwa geringer Energiebedarf oder Verzicht auf gefähr-liche Chemikalien.

Über spezielle Eigenschaften beim **GEBRAUCH** sagt der Blaue Engel nichts aus – diese untersucht zum Beispiel die Stiftung Warentest.

VERLÄSSLICHE INFOS liefern neben dem Blau-en Engel auch das EU-Ecolabel, etwa für Waschmittel, das Bio-Siegel für Lebensmittel, das EU-Energielabel für Elektrogeräte und das MSC-Siegel für Fisch (siehe S. 50/51). Die von der Industrie an eigene Produkte wie Teppich-böden und Holzspielzeug verliehenen Siegel bieten ebenfalls Orientierung, sind allerdings deutlich weniger streng. Einen breiten Über-blick über Label und deren Vergabekriterien bietet die vom Bundesentwicklungsministerium (BMZ) gestartete Plattform siegelklarheit.de.

GÜTESIEGEL FÜR NACHHALTIGE PRODUKTE

Umweltsiegel geben Orientierung beim Kauf nachhaltiger Produkte. Während manche Herausgeber hohe Anforderungen definieren, die den gesamten Lebensweg von Produkten abdecken, sind andere weniger streng, um auch kleinere Produzenten einzubeziehen. Siegel sind umso glaubwürdiger, je besser ihre Anforderungen überprüft werden. Die folgenden Siegel empfiehlt das Umweltbundesamt (UBA).

Bio-Siegel Das EU-Bio-Logo kennzeichnet **Lebensmittel, die aus kontrolliert ökologischer Landwirtschaft stammen.** Die Verpackung kann zusätzlich das deutsche Bio-Siegel enthalten, das mit den Anforderungen des EU-Logos identisch ist.

EU-Ecolabel Das Label vergibt die Europäische Kommission an **Produkte und Dienstleistungen aus 34 Gruppen – von der Matratze bis zum Fernseher, vom Spülmittel und der Wandfarbe bis zum Putzdienst oder Campingplatz.** Produkte und Betriebe, die das Label tragen, müssen vergleichsweise geringe Auswirkungen auf die Umwelt haben. Das Ecolabel wird außer in der EU auch in Norwegen, Island und Liechtenstein anerkannt.

EU-Energielabel Das Label informiert über den **Energieverbrauch von Haushalts- und TV-Geräten.** Ab März 2021 werden Kühlgeräte, Geschirrspüler, Waschmaschinen, Fernseher und Leuchtmittel neu eingeteilt: Die „+"-Klassen werden schrittweise abgeschafft, sodass wieder eine Skala von A bis G gilt. Klasse A bleibt leer, um die Entwicklung energieeffizienter Geräte zu fördern. Die Stiftung Warentest kritisiert seit Jahren, dass die angegebenen Verbrauchswerte unter Laborbedingungen ermittelt werden und zu gering sind.

MSC Das Siegel des Marine Stewardship Council tragen **Produkte aus umweltgerechter Fischerei.** Doch der MSC steht auch in der Kritik – wegen zu schwacher Anforderungen, die Überfischung nicht wirksam einzudämmen, sowie mangelnder Vorgaben zu Tierwohl und Löhnen. Einen Check von 2017 gibt es unter test.de/msc.

GOTS Ziel des Global Organic Textile Standard ist der Aufbau eines weltweiten **sozialen und ökologischen Standards für Textilien über die gesamte Produktionskette.** Kleidung,

die zu 70 Prozent aus Bio-Naturfasern besteht, darf das Siegel tragen. Verwendete Chemikalien müssen toxikologische und umweltrelevante Kriterien erfüllen und Verarbeitungsbetriebe soziale Mindeststandards einhalten.

Grüner Knopf Seit 2019 soll der Grüne Knopf als staatliches Siegel Käufern die Suche nach sozial und ökologisch nachhaltig produzierten Textilien erleichtern. Zertifiziert wurden bislang Produkte aus mehr als 30 geprüften Unternehmen: T-Shirts, Hosen und Schuhe, aber auch Rucksäcke, Zelte und Bettwäsche.

bluesign Product Das Siegel steht für die sichere Herstellung und Verarbeitung von Kunst- und Naturfasern. Produkte, die zu mindestens 90 Prozent in zertifizierten Fabriken hergestellt wurden, dürfen das Label tragen. Inhaber ist die bluesign technologies AG in der Schweiz.

FSC Das Siegel des Forest Stewardship Council (FSC) ist auf Möbeln, Holzfenstern und Parkettböden ebenso zu finden wie auf Notizbüchern, Drucker- und Toilettenpapier. Während es für Holzprodukte aufgrund strenger Kriterien – und mangels echter Alternativen – zu empfehlen ist, ist es für Papierprodukte nur zweite Wahl, da diese aus Frischfasern bestehen dürfen.

PEFC Das Siegel des PEFC Council garantiert, dass Holz für Möbel und Fußböden überwiegend aus nachhaltig bewirtschafteten Wäldern stammt. Papierprodukte mit dem PEFC-Siegel empfiehlt das Umweltbundesamt genau wie beim FSC-Siegel ausdrücklich nicht, da diese auch aus Frischfasern hergestellt sein dürfen.

Grüner Strom Das Label kennzeichnet Strom, der zu 100 Prozent aus regenerativen Energiequellen stammt. Tarife enthalten einen festen Förderbetrag, der garantiert in Energiewende-Projekte fließt. Der Stromhändler darf nicht an Atom- und Kohlekraftwerken beteiligt sein. Träger sind Umwelt- und Verbraucherverbände sowie Friedensinitiativen.

OK Power Hinter dem Label für Ökostromtarife stehen das Öko-Institut und das Hamburg Institut Research. Der Strom stammt aus 100 Prozent regenerativen Quellen, Anbieter dürfen nicht an Atom- und Kohlekraftwerken beteiligt sein und müssen kundenfreundliche Vertragskonditionen bieten.

BALLAST ABWERFEN UND NACHHALTIG KONSUMIEREN

Postmodernes Paradox: Obwohl wir in einer Wegwerfgesellschaft leben, horten wir viele Dinge, die wir gar nicht brauchen. Was bei Büchern und Tassen noch als Sammelleidenschaft durchgeht, ist bei Kleidern, Taschen und Technik-Spielzeug häufig Folge von Frust- und Spontankäufen. Konsum dient oft als Trost bei Misserfolgen und Ersatz für fehlende Anerkennung. Anderes bekommen wir geschenkt oder vererbt. Wie Sedimente auf dem Grund von Gewässern lagern sich im Lauf der Zeit Schichten unnützer Gegenstände in unserem Zuhause ab. Sie kosten Platz, altern vor sich hin und bereiten uns ein schlechtes Gewissen.

Warum das Ganze? Trennen Sie sich von Überflüssigem, schaffen Sie Platz! Werden Sie freier, indem Sie sich aufs Wesentliche beschränken. Sind Sie bereit für einen neuen Umgang mit Konsum und Besitz?

1. Was brauche ich, was nicht?

Nachhaltiger zu leben bedeutet, sich klar zu werden, was einem wichtig und was verzichtbar ist. Zuerst werfen Sie Ballast ab! Was Sie nicht schätzen und brauchen, weil es Ihnen nicht guttut, kommt auf den Prüfstand. Dazu gehören die von einem ungeliebten Verwandten geerbte Vase und das kitschige Sofakissen vom letzten Geburtstag genauso wie die zehnte weiße Bluse und die viel zu enge Jeans. Faustregel: Weg kann alles, was mit negativen Erinnerungen belastet ist, was Sie nicht schön finden, von dem Sie zu viel besitzen oder denken, dass Sie es eventuell „irgendwann" brauchen.

2. Wie gehe ich am besten vor?

Gehen Sie nicht Zimmer für Zimmer durch, sondern nehmen Sie sich zuerst Ihre Kleidung vor, danach die Schuhe, das Geschirr, den Hausrat etc. Tragen Sie jeweils alles zusammen und entscheiden Sie dann, was Sie wirklich brauchen und/oder schön finden und deshalb behalten wollen.

Intakte Bücher, Möbel und Hausrat können Sie entweder an Verwandte oder Freunde verschenken oder auf dem Flohmarkt verkaufen. Tragbare Kleider bieten Sie in Secondhand-Läden oder über Internetportale zum Kauf an oder spenden Sie an soziale Einrichtungen. Vermutlich wollen Sie auch Sachen behalten, die zwar kaputt sind, aber sich noch reparieren lassen. Für

WARUM WIR NACH SCHNÄPPCHEN JAGEN

PERMANENT BUHLEN HÄNDLER mit Preisnachlässen und Schlussverkäufen um Aufmerksamkeit. Bei Käufern setzt dann buchstäblich der Verstand aus. Schnell zuzugreifen, wenn etwas günstig erscheint – dieses Verhalten ist tief im menschlichen Gehirn verankert. Das gesparte Geld vor Augen, denken wir nicht lange nach, ob wir ein Produkt brauchen.

DER ANBLICK VON PROZENTZEICHEN aktiviert Gehirnbereiche, die zum Belohnungssystem gehören. Dieses schüttet Glückshormone aus, während der sonst bremsende „Bezahlschmerz" ausgeschaltet wird. Oft kommt ein tatsächlicher oder gefühlter Zeitdruck hinzu – beispielsweise durch die Ankündigung „Solange der Vorrat reicht". Bereits kurz nach dem Kauf setzt dann häufig die Reue ein.

UM FEHLKÄUFE ZU VERMEIDEN, ist es ratsam, mit Schnäppchen nicht sofort zur Kasse zu gehen. Fragt man sich nach ein paar Minuten, ob man sie wirklich braucht, ist der Zauber oft verflogen. Menschen, die Einkäufe planen, verpulvern übrigens nicht nur weniger Geld. Wer sich Gedanken über Konsumwünsche macht und die Vorfreude steigert, empfindet beim Kauf auch das größte Glück.

jeden Verwendungszweck stellen Sie einen Karton auf, sammeln darin Ihren Ballast und führen ihn zügig seiner Bestimmung zu. Alles andere entsorgen Sie.

3. Wie konsumiere ich weniger?

Der Besitz von Dingen allein macht das Leben nicht reich. Diese Erkenntnis ist der erste Schritt zu einer nachhaltigeren Lebensweise. Das heißt nicht, auf Komfort zu verzichten – sondern weniger Ressourcen zu verbrauchen und stärker auf Konzepte wie Teilen, Tauschen und Leihen zu setzen. Wer braucht eine eigene Bohrmaschine, wenn er sie vom Nachbarn leihen kann? Warum ein Auto kaufen, wenn es Carsharing gibt? Über Internetportale wie erento.de und miet24.de lässt sich fast alles leihen, über Tauschbörsen wie ebay-kleinanzeigen.de und Nachbarschaftsportale wie nebenan.de mit Gleichgesinnten in Kontakt treten.

Was Kleidung betrifft, die man sich – bis auf wenige Ausnahmen – weder leihen noch mit anderen teilen kann – wie wäre es mit einem Versuch, diese nicht en gros zu shoppen, sondern günstig aus zweiter Hand zu kaufen – etwa über Portale wie ubup.com und kleiderkreisel.de (siehe S. 46/47)?

Du bist, was du isst – schon heute ist Essen nicht mehr nur Nahrungsaufnahme, sondern Ausdruck der Persönlichkeit. Doch so, wie wir uns heute ernähren, verbrauchen wir zu viele Ressourcen – vor allem für tierische Produkte wie Fleisch, Käse und Milch. Immer mehr Menschen steuern deshalb um und merken, dass das nicht Verzicht bedeutet, sondern Chancen bietet – für die eigene Gesundheit und die unseres Planeten.

ESSEN UND TRINKEN

MEHR PFLANZEN ESSEN – IHR PRIVATER „GREEN DEAL"

Was wir essen und trinken, sagt eine Menge über uns aus – ob wir genießen können oder satt werden wollen, heimatverbunden sind oder weit gereist, Traditionen lieben oder gern Neues ausprobieren. Doch nicht nur Geschmack und Nährwert steuern unsere Vorlieben. Immer mehr Menschen ist wichtig, wofür bestimmte Lebensmittel und Ernährungsweisen stehen – etwa mediterrane Kost für Leichtigkeit und Genuss. Umgekehrt kann etwa der Verzicht auf tierische Produkte ethische Bedenken ausdrücken. Kurzum: Was wir essen (und was nicht), ist eine Botschaft an andere. Diese Botschaft könnte auch lauten: Meine Art, mich zu ernähren, schadet weder Klima noch Umwelt noch den Menschen in anderen Ländern.

1. Weniger Fleisch essen

Dass unser „Way of eating" nicht nachhaltig ist, bedarf keiner großen Erklärungen. Er verschlingt schlicht zu viele Ressourcen, kostet zu viel Energie. Wollten alle Menschen so leben – keine Chance. Otto Normalesser sorgt mit seiner Ernährung für 15 Prozent seiner persönlichen Treibhausgasemissionen – davon etwa ein Drittel allein über seinen Fleisch- und Wurstkonsum. Durchschnitt sind Sie, wenn Sie viermal pro Woche jeweils 150 Gramm Fleisch und jeden Tag 100 Gramm Wurst und Schinken essen. Vertilgen Sie größere Mengen, haben Sie eine entsprechend schlechtere Bilanz – aber auch mehr Einsparpotenzial.

Extra-Tipp: Niemand muss für eine nachhaltige Bilanz zum Vegetarier werden, solange er tatsächlich weniger Fleisch isst. Verteilen Sie Ihren Spareifer besser auf mehrere Bereiche und wagen Sie sich auch an Brocken wie Auto, Flugreisen und Hausdämmung!

2. Milchprodukte einschränken

Was viele nicht wissen: Auch der Konsum von Milch und Milchprodukten – unter Letzteren vor allem Butter und Hartkäse – lässt den persönlichen CO_2-Kontostand rapide anwachsen. Im Schnitt macht diese Art von tierischen Produkten ein weiteres Drittel der durch Ernährung erzeugten Treibhausgase aus! Ähnlich wie der Fleischkonsum ist der rasant gestiegene Pro-Kopf-Verbrauch an Käse ein Phänomen der vergangenen 50 Jahre – in erster Linie verursacht durch die enorm gestiegene Auswahl und das allgemein sehr positive Image.

FAIRNESS-SIEGEL: EIN BESSERES LEBEN FÜR BAUERN

BIS ZU DREI VIERTEL der Verbraucher kaufen fair gehandelten Kaffee, Kakao & Co. heute in Supermärkten und bei Discountern – in den meisten Fällen Produkte mit Fairtrade-Logo. Das zeigen Zahlen des Forums Fairer Handel. Für 2018 meldete der faire Handel einen Umsatzrekord von rund 1,7 Milliarden Euro. Davon entfielen nur 78 Millionen Euro auf die rund 800 Weltläden in Deutschland.

MIT „SEHR GUT", damit besser als das „gute" Fairtrade-Siegel (u.a. Kaffee, Schokolade, Textilien, Blumen), schnitt in unserer Untersuchung von 2016 das Naturland Fair-Siegel ab (u.a. Kakao, Bananen, Honig). Unsere Tester bescheinigten ihm eine starke ökologische und sehr starke soziale Ausrichtung. Naturland konnte in nahezu allen Fällen die Herkunft seiner Produkte, die ausnahmslos biozertifiziert sind, problemlos zurückverfolgen. Ebenfalls gut war das Hand-in-Hand-Siegel von Rapunzel Naturkost, das allerdings nur etwa 100 Produkte tragen, darunter Kaffee, Kakao, Nüsse und Brotaufstriche. Weniger strenge Kriterien legen die Siegel Rainforest Alliance und Utz Certified an. Das Siegel Gepa fair+ schließlich basiert auf den Standards anderer Siegel, darunter Fairtrade.

Extra-Tipp: Der Rest an Emissionen entfällt auf Obst, Gemüse, Getreideprodukte und Getränke. Nicht nur bei Äpfeln, Spinat und Brot, sondern auch bei Wasser, Cola & Co. lässt sich CO_2 sparen – vor allem bei Transport und Verpackung. Wie das geht, lesen Sie ab S. 82.

3. Auf Herkunft und Haltung achten

Darüber, dass ein Produkt nachhaltig erzeugt wurde, informiert das Bio-Siegel (siehe S. 50). Auch wenn der Anteil konventioneller Waren hoch ist – mit steigender Nachfrage wächst auch das „nachhaltige" Angebot. Um Emissionen zu reduzieren, kommt es vor allem darauf an, saisonale und regionale Ware zu kaufen. Saisonal, weil Erdbeeren außerhalb der Saison nur in beheizten Gewächshäusern gedeihen. Regional, weil die Transportwege kürzer sind.

„Nachhaltig" bedeutet auch, nicht auf Kosten anderer zu leben. Das heißt: fair gehandelte Produkte zu kaufen und Erzeugern in Schwellen- und Entwicklungsländern ein stabiles Einkommen zu sichern. Wer weiß, woher Kaffee kommt, was er kostet und dass Zwischenhändler und Röstereien daran verdienen, der ahnt, wie wenig Geld bei den Bauern ankommt. Fairer Handel sichert ihnen einen Mindestpreis zu, von dem sie auch in schlechten Zeiten leben können.

VEGGIE-DAY?

DER VORSCHLAG, IN KANTINEN einen fleischfreien Tag einzuführen, flog den Grünen 2013 um die Ohren. Völlig zu Recht – ein Tag reicht nicht.

Wer öfter auf Fleisch verzichtet oder es ganz weglässt, senkt Studien zufolge das **RISIKO**, an Bluthochdruck, Diabetes und Krebs zu erkranken, und schont obendrein sein Herz.

Eine abwechslungsreiche pflanzenbasierte Ernährung mit Getreide, Hülsenfrüchten und Kartoffeln liefert neben **EIWEISS** Vitamine, Mineral- und Ballaststoffe sowie ausreichend sekundäre Pflanzenstoffe.

EIN FLEISCHFREIER TAG pro Woche? Klingt für viele ambitioniert – doch ein solcher „Veggie Day" wäre nur der Anfang. Wer sich gesund ernähren und das Klima schützen will, sollte pro Woche höchstens 600, besser nur 300 Gramm Fleisch und Wurst essen, rät die Deutsche Gesellschaft für Ernährung (DGE). Das ist nicht gerade viel. Doch wäre es so schlimm, Fleisch nicht mehr aus Gewohnheit zu essen, sondern bewusst zu genießen? Graupen, Erbsen und Linsen nicht länger als Beilage zu sehen, sondern als Hauptbestandteil von Gerichten?

SONNTAGSBRATEN!

SIE GARTEN STUNDEN IM OFEN, dufteten betörend und schmeckten einfach großartig: Zeit für eine Ode auf die Braten unserer Kindheit.

Mehr als die Hälfte des Pro-Kopf-Verbrauchs entfällt bei uns auf **SCHWEINEFLEISCH**. Wer Vielfalt in den Speiseplan bringen möchte, greift statt zu Hähnchen und Rind öfter mal zu Wild und Lamm.

Für eine Kalorie Fleisch müssen im Schnitt zehn Kalorien Futterpflanzen wachsen. Mit dem **ERTRAG** der Ackerfläche, der ein Tier ernährt, könnte man also zehn Menschen ernähren.

VOR GAR NICHT LANGER ZEIT stand in vielen Familien sonntags ein Schweine- oder Rinderbraten auf dem Tisch. Wohlgemerkt nur sonntags, denn Fleisch war teuer. Heute ist es fast unverschämt billig, trotzdem scheint die Tradition des Sonntagsbratens vergessen. Stattdessen greifen wir reflexhaft zur Roulade aus der Kantine, der Bratwurst vom Imbiss oder schieben eine Salamipizza in den Ofen. Mal ehrlich: Ist es das, was uns glücklich macht? Eben. Und deshalb: Kaufen Sie ab und zu ein Stück richtig gutes Fleisch und machen Sie ein Fest daraus!

Rind macht Wind
Während für ein Kilogramm Schweinefleisch im Schnitt 4,6 Kilogramm Treibhausgase emittiert werden, beträgt der Ausstoß bei Hähnchenfleisch 5,5, bei Wild 11,5 und bei Rindfleisch 13,6 Kilogramm.

FLEISCH: WO IST DAS PROBLEM?

Statistisch gesehen isst jeder von uns rund 60 Kilogramm Fleisch im Jahr – weniger als US-Amerikaner, Australier und Argentinier, aber doppelt so viel wie der weltweite Durchschnitt. Die rund 0,5 Tonnen CO_2 machen zwar nur 4,3 Prozent unserer Bilanz aus – doch das spricht weniger für Fleischkonsum als gegen Autos, Flugzeuge und ungedämmte Häuser. Fleisch, vor allem rotes, erhöht das Risiko für Diabetes, Darmkrebs und Arthritis. Und: Produktion und Transport riesiger Fleisch- und Futtermengen rund um den Globus haben verheerende Folgen für Umwelt und Klima.

Problem 1: Flächenverbrauch

Tierhaltung braucht Fläche – vor allem zum Anbau von Futterpflanzen. Um unseren Bedarf zu decken, sind in Übersee Millionen Hektar Ackerland nötig. Die darauf angebauten Pflanzen könnten viel effizienter hungrige Menschen ernähren.

Problem 2: Wasserbedarf

Die Fleischproduktion erfordert Unmengen an Wasser – für ein Kilogramm Rindfleisch rund 15 500 Liter. Ein Kilogramm Kartoffeln braucht nur 250 Liter. Im Gegenzug landen riesige Mengen Gülle als Dünger auf Feldern, wodurch Nitrate in Flüsse und Seen gelangen und das Grundwasser verunreinigen.

Problem 3: Emissionen

Die Atmosphäre belasten Methan aus der Verdauung der Tiere, Lachgas aus Gülle und Stickstoffdüngern sowie CO_2 aus der Abholzung von Wäldern und der Umwandlung von Wiesen und Mooren zu Ackerland.

Problem 4: Tierwohl

Industrielle Massentierhaltung ist das Gegenteil von Tierwohl. In der Fleischverarbeitung werden Arbeitsmigranten aus Osteuropa rücksichtslos ausgebeutet. Ab 2021 sollen neue Gesetze die Beschäftigten schützen.

1 Weniger Fleisch essen
Die Deutsche Gesellschaft für Ernährung (DGE) rät, höchstens 600 Gramm Fleisch pro Woche zu essen. Das ist zu schaffen, indem wir an mindestens drei Tagen in der Woche bewusst auf Fleisch verzichten.

2 Ganze Tiere verwerten
Will jeder nur Schweinefilet und Hähnchenbrust, bleiben Erzeuger auf dem Rest sitzen. Auch Schmorstücke, Kochfleisch und Innereien sorgen – mit Muße zubereitet – für Genuss.

3 Gutes Fleisch kaufen
Fest steht: Regionales Fleisch aus ökologischer und artgerechter Tierhaltung kostet mehr. Doch der Aufpreis kommt Erzeugern und Tieren zugute.

IST DAS FLEISCH WIRKLICH „GUT"?

In Deutschland landet vor allem Schweinefleisch im Einkaufskorb, gefolgt von Geflügel und Rind. Ob frisch oder tiefgekühlt, von hier oder weit weg – oft ist Fleisch erschreckend günstig. Eigentlich verdächtig.

In manchen Kreisen gehört es deshalb zum guten Ton zu beteuern, man äße kein Fleisch mehr – und falls doch, dann nur „gutes". Das klingt prima, hilft aber wenig, wenn nicht klar ist, was „gut" bedeutet.

Zum einen sollte „gutes" Fleisch gut schmecken. Damit es auch nachhaltig ist, sollten Tiere artgerecht gehalten und beim Schlachten nicht gequält worden sein.

Billiges Fleisch

Wo gibt's das? Billigfleisch ist bei Discountern und in Supermärkten zu finden. Da diese bei Produzenten und Zwischenhändlern massiv die Preise drücken, muss das Fleisch billig produziert werden. Den Preis zahlen Tiere und Arbeitskräfte.

Was ist drin? Unser Test von Schweinenackensteaks im Juli 2020 ergab, dass Billigfleisch in Sachen Qualität, Geschmack, Schadstoffe und Medikamentenrückstände grundsätzlich nicht schlechter abschneidet als Bio-Fleisch. Nur in puncto Tierwohl und Arbeitsbedingungen unterscheiden sich beide gravierend.

Kann ich das kaufen? Wer ein Herz für Tiere hat, kauft besser kein Billigfleisch.

Eingeschweißtes Fleisch

Wo gibt's das? Discounter und Supermärkte bieten Fleisch an, das vakuumverpackt oder unter Schutzatmosphäre verpackt wurde. Bei Letzterem enthält die Verpackung ein Gasgemisch mit Sauerstoffanteil. Dies soll Käufern Sicherheit und Frische suggerieren.

Was ist drin? Durch die „Schutzatmosphäre" sieht das Fleisch länger rot und frisch aus, schmeckt aber nicht besser. Die Farbe kann dazu verleiten, es zu lange aufzubewahren. Im Vergleich zur Vakuumverpackung fällt zudem deutlich mehr Plastikmüll an.

Kann ich das kaufen? Wer auf Nachhaltigkeit und Tierwohl achtet, sollte beide Varianten liegen lassen.

Weit gereistes Fleisch

Wo gibt's das? Discounter, Supermärkte und Bioläden bieten importierte Fleisch-Spezialitäten an – entweder frisch oder tiefgekühlt.

Was ist drin? Lammrücken aus Neuseeland, Entrecôte aus Südamerika – aus der Ferne kommen meist edle Stücke. Das wäre gar nicht nötig, wenn alle Teile der bei uns aufgezogenen Tiere gegessen würden. Vorteil: Anders als hier grasen etwa Rinder in Argentinien das ganze Jahr über draußen.

Kann ich das kaufen? Ja, aber nur, wenn Sie sich mal etwas Besonderes gönnen wollen. Zum alltäglichen Gaumenschmaus sollte aus Übersee importiertes Fleisch dagegen nicht werden.

Regionales Fleisch

Wo gibt's das? Beim Fleischer Ihres Vertrauens, an der Frischetheke im Supermarkt oder direkt beim Erzeuger können Sie Fleisch aus Ihrer Region kaufen.

Was ist drin? Beim Kauf gilt es, die Herkunft genau zu prüfen. Ein Hinweis wie „von hier" reicht nicht aus. Konkrete Nachweise an Frischetheken und Marktständen sind eher glaubwürdig. Über die Qualität des Fleisches ist damit jedoch noch nichts ausgesagt.

Kann ich das kaufen? Wer „echt" regional kauft, unterstützt zwar die Wirtschaft vor Ort. Wem auch das Tierwohl am Herzen liegt, sollte dagegen nur regionales Fleisch aus artgerechter Haltung kaufen.

Fleisch aus artgerechter Tierhaltung

Wo gibt's das? Fleisch aus artgerechter Haltung finden Sie im Discounter, Super- oder Biomarkt, beim Metzger sowie beim Erzeuger.

Was ist drin? Für artgerechte Tierhaltung bürgen das EU-Biolabel, das Neuland-Siegel, das Tierschutzlabel sowie die noch strengeren Siegel von Ökoanbauverbänden wie demeter, Bioland und Naturland. Die Kriterien des Labels der „Initiative Tierwohl" liegen zwar über den gesetzlichen Standards, aber weit unter denen für Bio-Fleisch. Fallen Sie nicht auf unverbindliche Siegel und Werbung herein.

Kann ich das kaufen? Allgemein zu empfehlen ist lediglich echtes Bio-Fleisch.

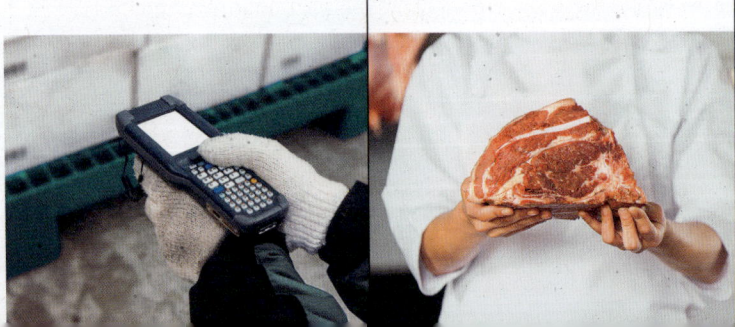

WAS FÜR DIE BILANZ ZÄHLT

Bio, regional, saisonal – so lautet die Formel für nachhaltigen Einkauf. Doch im Supermarkt oder am Marktstand stellt sich dann die Frage: Sind die Tomaten aus der Region auch ohne Zertifikat umweltfreundlich? Oder kauft man doch besser die spanischen Bio-Tomaten, die nicht mit Pestiziden belastet, dafür aber durch halb Europa gereist sind? Antwort: Kommt darauf an.

1. Die Sache mit dem Auto

Fest steht dagegen eines: Nehmen Sie das Auto, nur um mal eben ein Kilogramm Tomaten zu kaufen, ist es egal, wie diese produziert wurden. Der CO_2-Ausstoß macht alle Vorteile der ökologischen Erzeugung zunichte. Deshalb: Wenn schon Auto, dann für den Großeinkauf. Oder Sie machen auf einer ohnehin geplanten Fahrt einen Abstecher. Am besten ist es, zu Fuß zu gehen oder aufs (Lasten-)Rad zu steigen.

Extra-Tipp: In Großstädten wie Hamburg, Berlin, Freiburg und Hannover lassen sich Lastenräder ausleihen – zum Teil sogar kostenlos wie bei flotte-berlin.de oder freie-lastenradler.de in München.

2. Regional, saisonal oder…?

Bereits vor Jahren kam das Heidelberger Ifeu-Institut zum Resultat, dass „regional" nicht immer besser ist als „überregional" oder „international". Bei Äpfeln liegen die regionalen Streuobstwiesen vorn. Trotz Kühllagerung sind auch Plantagenäpfel bilanziell besser als Importäpfel aus Übersee. Bei Milch ist die Regio-Variante ebenfalls im Vorteil. Doch heimischer Kopfsalat ist nur in der Saison besser. Wird er im beheizten Treibhaus gezogen, ist spanische Ware trotz Transports klimafreundlicher. Und: Obwohl sich Industriebrot in riesigen Mengen energieeffizienter herstellen lässt, sollten Sie den Geschmack entscheiden lassen und Ihren Handwerksbäcker unterstützen!

3. Tiefkühlware kein Problem

Tiefkühlprodukte sind nicht per se klimaschädlich. Das Freiburger Öko-Institut fand heraus, dass Transport und Lagerung bei minus 18 Grad die Bilanz nur mäßig belasten. So schnitten Tiefkühlbrötchen besser ab als die zimmerwarme Konkurrenz zum Fertigbacken. Begründung: Diese muss relativ lange in den obendrein vorgeheizten Ofen. Hühnerfrikassee und Salamipizza schmecken tiefgekühlt vielleicht nicht so gut wie selbst zubereitet – haben aber keine schlechtere Klimabilanz. Fazit: Je höher die Fleisch- und Milchanteile im Produkt, desto höher die Klimabelastung – ob TK-Produkt, Konserve oder selbst gemacht.

KAUFEN?

UMSTRITTENE LEBENSMITTEL müssen nicht grundsätzlich tabu sein. Zugreifen sollten Sie jedoch ganz gezielt – oder Alternativen wählen.

Abgepackte Salatblätter

Landen zu ca. 40 Prozent im Müll, weil sie sich nur kurz halten. Besser ganze Köpfe kaufen.

Milch

Am stärksten für Tierwohl und Umwelt engagieren sich die Erzeuger von Bio-Milch.

Rindfleisch

Wenn überhaupt, dann nur von Zeit zu Zeit und von Tieren, die auf der Weide grasen durften.

Kabeljau

Viele Bestände sind überfischt. Deshalb auf Fangquoten achten, wie sie etwa die EU vorgibt.

Garnelen

Zucht von Tiger- und Riesengarnelen umweltkritisch. Ware mit Bio- oder ASC-Siegel kaufen.

Avocado

Anbau verursacht Wassermangel. Selten kaufen oder durch Raps- bzw. Leinöl ersetzen.

Soja

Tofu und Sojamilch sollten Sie aus der Region kaufen. Achten Sie auf Bio-Soja als Basis!

Oktopus

Nachhaltig, da erwachsene Tiere gefangen werden. Tiefsee-Schleppnetzfang vermeiden!

Schokolade

Kakao-Lieferkette kaum rückverfolgbar, Situation der Erzeuger meist unklar. Fairtrade kaufen.

HEIMISCHES „SUPERFOOD"

MÜSLIS UND SMOOTHIES peppen viele mit Superfoods vom anderen Ende der Welt auf. Dabei wachsen Alternativen vor der Haustür, die ebenfalls wertvolle Inhaltsstoffe liefern.

Statt Goji-Beeren

In Sachen Vitamin C können **Himbeeren und Erdbeeren** mit den getrockneten – und oft pestizidbelasteten – Beeren mithalten. Dasselbe gilt in besonderem Maß für **schwarze Johannisbeeren und Sanddorn.**

Statt Açaï-Beeren

Wegen ihrer blauen Farbstoffe (Anthocyane) sind die als Saft oder Pulver erhältlichen Früchte heiß begehrt. Alternative: Blaues oder violettes Obst und Gemüse wie **Heidelbeeren, Sauerkirschen und Rotkohl.**

Statt Matcha-Pulver

Pulver aus Blättern der Tencha-Teepflanze soll den Stoffwechsel anregen und Stress abbauen. Wer diese Heilwirkungen sucht, kann sich auch Tees aus **Kamille. Löwenzahn oder Hagebutte** einschenken.

Statt Quinoa

Neben Beeren und Samen versprechen Supergetreide wie Quinoa eine unvergleichliche Nährstoffvielfalt. Mit der kann auch **Hirse** aufwarten. Sie ist sogar noch reicher an Zink und Eisen, ebenfalls glutenfrei und enthält genauso viel Vitamin E.

Statt Chia-Samen

Ihr hoher Gehalt an Omega-3-Fettsäuren und Eiweiß macht Chia-Samen so populär. **Leinsamen und Walnüsse** toppen das – und sind ebenso reich an Ballaststoffen. Tipp: Samen stets geschrotet essen!

WANN HAT WELCHES OBST UND GEMÜSE SAISON?

Obst und Gemüse saisonal zu kaufen – das bedeutet, sich auf das zu beschränken, was Feld und Garten in unseren Breiten gerade hergeben – Stichwort: Freilandanbau. Ob Gurken oder Paprika, Erdbeeren oder Pfirsiche – saisonale Produkte sind unter natürlichen Bedingungen gewachsen, wurden also nicht im Gewächshaus gezogen oder nach der Ernte über längere Zeit gelagert.

Da jedoch viele Sorten unter den hiesigen klimatischen Verhältnissen nur wenige Wochen Saison haben, baut man sie auch unter Folie oder im Gewächshaus an, um die Sonnenwärme optimal zu nutzen. Auch dafür wird häufig der Begriff „saisonal" gebraucht – zum Teil sogar für Produkte, die aus beheizten Gewächshäusern stammen. In diesem Fall macht jedoch der

Wann hat Obst hierzulande Saison?

	Jan	Feb	Mär	Apr	Mai	Jun	Jul	Aug	Sep	Okt	Nov	Dez
Äpfel								■	■	■		
Brombeeren								■	■	■		
Erdbeeren						■	■	■				
Blau- und Himbeeren							■	■	■			
Kirschen							■	■				
Johannis-beeren						■	■	■				
Pfirsiche								■	■			
Pflaumen								■	■			

Quelle: Verbraucherzentrale

Energieverbrauch den Umweltvorteil kurzer Transportwege wieder zunichte.

Dass Erdbeeren im Winter und Tomaten im Herbst nicht saisonal sein können, leuchtet ein. Doch was ist mit Kartoffeln, Karotten und Zwiebeln – also Produkten, die man das ganze Jahr über braucht? Zum Glück lassen sie sich gut lagern. Zu Großmutters Zeiten machte das jeder selbst in einem kalten, feuchten Keller oder strohgefüllten Behältern („Mieten"). In der modernen Landwirtschaft übernehmen riesige Kühllager die Rolle des „Kartoffelkellers". So werden etwa Äpfel in speziellen CA- („Controlled Atmosphere") oder ULO-Lagern („Ultra Low Oxygen") aufbewahrt. Dort bleiben sie bei 0 bis 3 Grad Celsius monatelang frisch. So viel Komfort kostet allerdings jede Menge Energie, die sich unterm Strich negativ auf die Klimabilanz der Produkte auswirkt.

Wann hat Gemüse Saison?

	Jan	Feb	Mär	Apr	Mai	Jun	Jul	Aug	Sep	Okt	Nov	Dez
Blumenkohl					X	X	X	X	X	X	X	
Brokkoli					X	X	X	X	X	X	X	
Erbsen					X	X	X	X				
Grünkohl	X	X								X	X	X
Gurken (aus un- oder schwach geheizten Gewächshäusern)				X	X	X	X	X	X	X		
Kohlrabi				X	X	X	X	X	X	X	X	
Lauch	X	X	X	X	X	X	X	X	X	X	X	X
Paprika							X	X	X	X		
Radieschen				X	X	X	X	X	X	X		
Rote Bete						X	X	X	X	X	X	X
Tomaten unter Folie/Vlies						X	X	X	X	X		
Feldsalat/Rucola					X	X	X	X	X	X	X	X

Quelle: Verbraucherzentrale

Neulich am Veggie-Imbiss...
Burger-Patties und Bratwürste
aus pflanzlichen Zutaten schmecken mittlerweile auch Nicht-
Vegetariern, die ihren Fleischkonsum reduzieren wollen.

FLEISCHERSATZ AUS SOJA & CO.

Als Fleischersatz gelten Lebensmittel, die Produkten aus Schwein, Rind & Co. äußerlich und geschmacklich sowie im Proteingehalt ähneln. Wie gut Hersteller das hinbekommen und ob das nachhaltig geschieht, hat die Stiftung Warentest wiederholt untersucht.

Veganes „Hack" Was ist drin in veganem Hackfleisch? Im März 2020 veröffentlichten wir die Resultate unseres Deklaration-Checks von acht Produkten. Ergebnis: Veganes Hack, ob krümelig oder gewolft, basiert auf Pflanzenbestandteilen wie Soja- und Weizeneiweiß. Karamell färbt es röstbraun, Rote-Bete-Saft rosa. Manche Produkte sind nur mit Salz und Kräutern gewürzt, andere mit „natürlichem Aroma". Einige enthalten Konservierungsstoffe und synthetisches Aroma. Der Fettgehalt liegt zwischen 3 und 14,5 Prozent (Tier-Hack: rund 10 Prozent).

Veggie-Aufschnitt Anfang 2019 prüften wir 20 nach Salami und Lyoner aussehende Produkte auf Keime, Schadstoffe und Geschmack. Für die wurstartige Konsistenz sorgen Soja (zu Tofu verarbeitet), Weizen (zu Seitan verarbeitet) oder Erbsen. Enthalten ist häufig Eiklar. Um schnittfest zu werden, kommen Verdickungsmittel wie Johannisbrotkernmehl hinzu, oft auch Farbstoffe und Aromen sowie wertvolles Rapsöl. Wir fanden weder tierische DNA noch kritische Gehalte an Mineralölbestandteilen oder gentechnisch verändertes Soja. Zwei Produkte fielen wegen schädlicher Keime durch.

Veggie-Fleisch Letztmals 2016 nahmen wir vegetarische Bratwürste, Frikadellen und Schnitzel unter die Lupe. Je zwei von insgesamt 20 erwiesen sich als gute Alternativen zu ihren fleischlichen Vorbildern – in sechsen fanden wir jedoch hohe Mengen an Mineralölbestandteilen. Wer mit Veggie-Fleisch Fett und Kalorien essen will, muss genau vergleichen. In den Testprodukten steckten bis zu drei verschiedene Typen an Zusatzstoffen plus Aromen. Fast alle enthielten Verdickungsmittel, um die Masse aus Soja- und Weizeneiweiß zusammenzuhalten. In insgesamt nur zwei Fällen überzeugte unsere Tester auch die Zusammensetzung der Nährstoffe.

Umweltfazit: Pflanzen zu Lebensmitteln zu verarbeiten, statt Tiere damit zu füttern, schont Klima und Äcker. Obwohl Ersatzprodukte häufig stark verarbeitet sind, sind sie fast immer deutlich klimafreundlicher als ihre Vorbilder. Die vollständigen Ergebnisse finden Sie gegen geringe Gebühr auf test.de.

VOLLKORN?

DER NASSANBAU VON REIS produziert riesige Mengen des Treibhausgases Methan. Auch Vollkornreis macht da keine Ausnahme.

> Enthält der Boden von Natur aus **ARSEN**, können Reispflanzen es aufnehmen. Das Bundesamt für Risikobewertung (BfR) rät deshalb dazu, Reiswaffeln und Reiskekse nur in Maßen zu essen.

> Je nach Region, Reissorte und Anbauverfahren kostet die Produktion eines Kilogramms Reis zwischen **3000 UND 10 000 LITER** Wasser.

REISFELDER STEHEN UNTER WASSER – vom Pflanzen der Setzlinge bis kurz vor der Ernte. In der Schlammschicht leben Mikroorganismen, die Pflanzenteile zersetzen und große Mengen des Treibhausgases Methan produzieren. Zwar lässt sich Reis auch „trocken" anbauen. Doch asiatische Kleinbauern zu überzeugen, die damit verbundenen Ertragseinbußen zu akzeptieren, braucht Geduld und finanzielle Hilfen. Zum Glück kommt trocken angebauter Reis immer öfter aus Ländern wie Italien und Österreich – außerdem gibt es jede Menge leckeren Ersatz.

DINKEL!

WER ÖFTER DIE BEILAGE VARIIERT, tut nicht nur dem Klima etwas Gutes – sondern nimmt mit einiger Sicherheit auch weniger Schadstoffe zu sich.

> Dinkelreis – auch Dinkelgraupen genannt – besteht aus geschälten und geschliffenen **KÖRNERN**, die sich ohne Einweichen kochen lassen.

> Andere Alternativen sollten vor dem Zubereiten **EINGEWEICHT** werden, damit sich die Kochzeit verkürzt. Planen Sie dafür ausreichend Zeit ein – ungeschälte Körner lassen Sie am besten eine Nacht lang stehen.

REGIONALE ALTERNATIVEN zu Reis gibt es viele. So lässt sich Hirse für Salate, Aufläufe und „Hirsotto" verwenden. Darüber hinaus kommen Couscous, Bulgur, Buchweizen, Grünkern und Graupen infrage. Grundsätzlich ist es ratsam, sämtliche Getreidesorten aus Bio-Anbau zu kaufen. Im besten Fall stammen sie obendrein aus der Region. Vorteil an Alternativen wie Couscous und Bulgur: Sie sind extrem schnell zuzubereiten – einfach mit kochendem Wasser oder Gemüsebrühe übergießen, Deckel drauf und zehn Minuten quellen lassen.

ALLES IN BUTTER?

BUTTER IST FÜR VIELE GESCHMACKLICH das Nonplusultra und als Natur-
produkt unschlagbar. Fürs Klima ist sie alles andere als ein Hauptgewinn.

Butter von Kühen,
die weiden durften, kann
eine bessere Bilanz haben: Die
Tiere fressen **WENIGER SOJA**,
für dessen Anbau z. B. Regenwälder gerodet werden.
Methan produzieren diese
Kühe jedoch auch.

Butter kommt ohne
ZUSÄTZE aus und liefert
beispielsweise die Vitamine A
und E. Nachteil: Sie lässt sich in
der Regel nicht gut verstreichen,
wenn sie frisch aus dem
Kühlschrank kommt.

BUTTER BESTEHT ZU 100 PROZENT aus tierischen Fetten – vor allem aus Milchfett. Zum
größten Teil handelt es sich um die weniger
wertvollen gesättigten Fettsäuren. Mag der
Geschmack von Butter über jeden Zweifel erhaben sein – ihre Ökobilanz ist es nicht.

9 Kilogramm Treib-
hausgase werden pro Kilogramm Butter ausgestoßen. Neben CO_2 fließen Lachgas aus
Stickstoffdünger und das Methan ein, das
Kühe beim Verdauen freisetzen – plus Wasser-
und Energieverbrauch sowie die für den Anbau von Futterpflanzen benötigten Flächen.

ÖFTER MAL ANDERS!

MIT KLAR BESSERER ÖKOBILANZ punktet Margarine. Für Abwechslung sorgen gesunde Aufstriche wie Hütten- und Frischkäse sowie Magerquark.

Kaum Kalorien: **TOMATENMARK** eignet sich gut als Brotaufstrich. Probieren Sie auch vegetarische Aufstriche aus Gläsern!

Eine gute Alternative sind **MISCHSTREICHFETTE** aus Butter und Rapsöl. Die meisten lassen sich auch zum Kochen und Backen verwenden. Details liefert unser Test auf test.de.

MARGARINE IST GESÜNDER, liefert das in ihr enthaltene Raps- und Sonnenblumenöl doch mehrfach ungesättigte Fettsäuren. Wer sie als Brotaufstrich nicht mag, kann mit Margarine prima braten und backen, denn auch in Sachen Erhitzbarkeit hat sie Vorteile gegenüber Butter.

Nur **2,8 Kilogramm** CO_2 verursacht laut Heidelberger Institut für Energie- und Umweltforschung (Ifeu) die Herstellung eines Kilogramms Vollfettmargarine. Hinzu kommt: Für die Herstellung von Margarine wird im Vergleich zu Butter deutlich weniger landwirtschaftliche Nutzfläche benötigt.

GUTE ÖLE, SCHLECHTE ÖLE

RAFFINIERT ODER KALT GEPRESST Jedes Öl hat seinen eigenen Charakter. Manche glänzen mit inneren Werten, andere sind weit herumgekommen. Ach ja – und einen Schurken gibt es auch.

Sonnenblumenöl

Der Allerweltstyp aus der Nachbarschaft verfügt über Vitamin E und ist ein eher neutraler Begleiter.
Öko-Tipp: Altes Öl nicht in den Abfluss kippen, sondern verschlossen im Restmüll entsorgen. Größere Mengen zum Recyclinghof bringen.

Olivenöl

Der vielseitige Südländer ist in Italien genauso zu Hause wie in Spanien und Griechenland – lässt aber seine Herkunft gern im Dunkeln.
Öko-Tipp: Wer Öl aus komplett regionaler Produktion will, achtet auf das rot-gelbe EU-Herkunftssiegel.

Rapsöl

Seine inneren Werte sind über jeden Zweifel erhaben – seine Fettsäuren-Kombination ideal. Der Star der Ölwelt ist allseits beliebt und vielseitig einsetzbar: nativ im Salat, raffiniert in der Pfanne.
Öko-Tipp: Bevorzugen Sie heimische Produkte mit Bio-Siegel!

Palmöl

Der Bad Boy unter den Ölen ist günstig zu haben, schmilzt nicht gleich dahin, hat aber eine dubiose Vergangenheit: Für den Palmenanbau werden Tropenwälder gerodet.
Öko-Tipp: Palmöl in Lebensmitteln? Nur mit Nachhaltigkeitszertifikat!

Leinöl

Als Unschuld vom Lande, pardon: aus der Region, bringt das Feinschmecker-Öl mit saatigem Aroma gesunde Abwechslung in die kalte Küche – Stichwort: Omega 3.
Öko-Tipp: Schon gewusst? Leinöl ist auch eine umweltfreundliche Alternative zu chemischen Holzschutzmitteln.

Lust auf Fisch
Ob Schillerlocke, Stäbchen oder Schlemmerfilet – 14,4 Kilogramm Fisch haben wir hierzulande im Schnitt 2018 gegessen. Auch deshalb sind die weltweiten Bestände zum Teil dramatisch geschrumpft.

NACHHALTIG FISCH ESSEN

Überfischte Meere, rücksichtslose Fangmethoden, Massenhaltung in Aquakulturen – wer sich um Tierschutz und Umwelt sorgt und trotzdem gern Fisch isst, hat es nicht gerade leicht. Nachhaltiger Fisch – gibt es so etwas überhaupt? Kann man wirklich nur noch Karpfen guten Gewissens genießen? Woran soll man sich beim Kauf orientieren?

1 **Auf Siegel achten** Betrachten Sie Fisch als eine Delikatesse, die nicht öfter als einmal pro Woche auf den Tisch sollte. Achten Sie beim Kauf auf das EU-Bio- sowie Umweltsiegel. Für Fisch aus Zuchten empfiehlt etwa der WWF die Siegel von Bioland und Naturland sowie vom ASC („Aquaculture Stewardship Council") – für Fisch aus Wildfang bietet das MSC-Siegel („Marine Stewardship Council") derzeit die umfassendste Hilfe.

2 **Einkaufsführer laden** Trägt Fisch kein Siegel, helfen unabhängige Einkaufsführer, wie sie WWF und Greenpeace im Netz anbieten. Beide lassen sich auch als App aufs Smartphone laden. Fischarten, ihre Fanggebiete und Fangmethoden sind dort mit Ampelfarben markiert. Tendenz: viel Rot mit einigen Ausnahmen.

3 **Genau informieren** Eine fundierte Entscheidung zu treffen ist häufig kompliziert: So gilt laut WWF Hering lediglich dann als „gute Wahl", wenn dieser aus der zentralen oder nördlichen Ostsee kommt. Für Scholle gilt dasselbe, wenn sie in der Nordsee mit Kiemennetzen gefangen wurde, für Wildlachs, wenn er aus Alaska kommt. Den stark bedrohten Kabeljau empfiehlt der WWF nur, wenn er in der Nordost-Arktis mit Langleinen oder Kiemennetzen gefangen wurde. Eine gute Wahl sind auch Forelle, Dorade, Lachs, Pangasius sowie Tropische Garnelen aus Bio-Zucht.

4 **Dosenfisch essen** Fisch tiefzukühlen erfordert einen hohen Energieaufwand, ihn in Blechdosen zu konservieren nicht. Je länger der Fisch darin aufbewahrt wird, desto mehr überwiegt der Umweltvorteil den Nachteil der Verpackung. Da sich Dosen gut stapeln lassen, ist auch der Transportaufwand gering. Achten Sie auf das MSC- bzw. ASC-Siegel. Oft entfaltet eingelegter Fisch erst durch die Lagerung sein Aroma. Ihren Eigengeschmack behalten Makrele, Hering & Co., wenn sie nicht in Öl, sondern in Wasser schwimmen. Übrigens: Thunfisch aus Dosen stammt meist vom Echten Bonito und kann gegessen werden, wenn er im West-Pazifik gefangen wurde.

„BIO": DIE GEWINNER SIND BODEN, NATUR UND TIERE

Die ökologische Landwirtschaft steht für einen respektvollen Umgang mit Natur und Tieren (siehe Kasten rechts). So kommen beim Anbau von Obst und Gemüse keine chemisch-synthetischen Pflanzenschutzmittel zum Einsatz. Zudem verzichten Öko-Bauern auf bestimmte mineralische Dünger. Tiere werden möglichst artgerecht gehalten, haben mehr Platz im Stall oder haben – anders als viele Tiere aus industrieller Mast – Gehege zum Auslauf.

Obst und Gemüse klar im Vorteil

Bio-Lebensmittel stehen darüber hinaus im Ruf, gesünder zu sein und besser zu schmecken als konventionell hergestellte Ware. Auswertungen unserer Tests zeigen jedoch: Insgesamt sind Bio-Lebensmittel nicht besser. Wer „bio" kauft, tut das in erster Linie für Umwelt und Tierschutz. Einen deutlichen Vorteil können jedoch Obst und Gemüse aus Öko-Anbau verbuchen: Sie sind kaum mit Pestiziden belastet.

„Bio" in verschiedener Gestalt

Grundsätzlich gilt: Bioprodukte erkennt man am EU-Bio-Logo. Das deutsche Biosiegel kann zusätzlich und freiwillig auf der Verpackung stehen. Beide sind in ihren Anforderungen identisch.

Darüber hinaus finden sich im Angebot von Bio- und Supermärkten, Discountern sowie Drogeriemärkten und Reformhäusern weitere Bio-Kennzeichnungen:
— Label ökologischer Anbauverbände: Verbände wie Bioland, Naturland und Demeter existierten in Deutschland schon vor der Einführung der EG-Öko-Verordnung im Jahr 1993. Ihre Richtlinien sind in manchen Punkten strenger als der EU-Bio-Standard.
— Handelsmarken: Viele große Handelsketten haben eigene Bio-Marken gegründet, um Bioprodukte besser vermarkten zu können. Die Umweltanforderungen entsprechen in der Regel dem EU-Bio-Logo.

Extra-Tipp: Im Informationsportal label-online.de finden Sie unter der Kategorie „Ernährung" sämtliche Siegel der Anbauverbände und Bio-Handelsmarken.

Nicht ohne Schadstoffe

Bioware ist vor Schadstoffen nicht gefeit. So fanden wir in Bio-Darjeeling-Tee potenziell krebserregende Substanzen, in Bio-Nudeln ein Schimmelpilzgift, in Bio-Sonnen-

AKTIV FÜR TIERWOHL UND UMWELTSCHUTZ

VIELE BIOFIRMEN engagieren sich stark für Tierwohl und Umweltschutz. Das stellen wir im Rahmen unserer CSR-Tests („Corporate Social Responsibility") immer wieder fest. Ob Schweinenackensteak, Orangensaft oder Nuss-Nougat-Creme: Bio-Anbieter arbeiten transparent und kennen ihre Lieferanten gut – oft besser als konventionelle Anbieter.

IN SACHEN TIERSCHUTZ engagierten sich etwa die Hersteller von Bio-Hähnchenbrust insgesamt stark: Während unserer Besuche wirkten die Tiere entspannter und zufriedener als in anderen Ställen. Pro Hektar und Stall sind weniger Tiere zugelassen, die Auslauf im Freien haben müssen, je nach Standard Sitzstangen und Scharr-Räume haben und mit bis zu 90 Tagen deutlich länger leben als Tiere aus konventioneller Mast.

AUCH IN UNSEREN TESTS von regionalen Eiern und Milch bewiesen vor allem Bio-Anbieter, dass sie viel fürs Tierwohl tun. Im Legehennenbereich gingen nur Bio-Betriebe über die gesetzlichen Anforderungen hinaus.

DOPPELT NACHHALTIG sind Produkte mit Bio-Siegel, die zudem aus der Region stammen.

blumenöl kritische Mineralölbestandteile. Stoffe wie Anthrachinon und Polyzyklische aromatische Kohlenwasserstoffe (PAK) können ungewollt in die Produkte gelangen – entweder bei der Herstellung oder der Lagerung. Dagegen glänzte Bioware etwa bei exotischen Früchten wie Ananas, Mangos, Limetten und Zitronen.

Gesundheit und Geschmack

Die geringere Pestizidbelastung von Bio-Produkten ist für viele Menschen ein Argument, die sich gesund ernähren wollen. Auch Krankheitskeime sind nur selten ein Problem – doch das gilt auch für konventionelle Ware. Über andere Inhaltsstoffe wie sekundäre Pflanzenstoffe liefert unser Testansatz meist keine Antwort. Dagegen zeigte sich in Blindverkostungen, dass Bioprodukte nicht automatisch unverwechselbar schmecken. Sehr gute Produkte fanden wir bei Hackfleisch, Oliven und Schinken – dagegen schmeckten Bio-Kartoffelchips schon mal bitter oder ranzig. Bioware kostet meist mehr als konventionell erzeugte Produkte. Kein Wunder, sind doch die Aufwendungen für ökologischen Anbau und artgerechte Tierhaltung deutlich höher.

FLUG-LIMETTE?

OB SPRITZIG-SAUER ODER ZUCKERSÜSS – exotische Früchte sind beliebt wie nie. Manche sammeln jedoch vor dem Verzehr Tausende Flugmeilen.

Laut einer Studie der TU Berlin stehen auf dem Schiffstransport sowie in Lagerhallen gereifte Südfrüchte dem reifer geernteten, aber teureren Flugobst vom **GESCHMACK** her nicht nach.

Bei Südfrüchten ist die Transportart meist nicht angegeben. Je weiter jedoch das **HERKUNFTSLAND** entfernt ist und je verderblicher die Ware ist, desto wahrscheinlicher ist ein Transport per Flugzeug.

WIE MANGOS, BANANEN UND ANANAS stammen auch Limetten aus Übersee. In Feinkostläden werden exotische Früchte gern als „Flugobst" angepriesen: Dieses soll angeblich mehr Vitamine enthalten, weil es reif geerntet wird. Fürs Klima ist das alles andere als gesund.

15,1 Kilogramm CO_2 verursacht ein Kilogramm Limetten, das aus Südamerika eingeflogen wird (Quelle: Ifeu).

Mit **0,6 Kilogramm** schlägt der CO_2-Fußabdruck eines Kilogramms Limetten zu Buche, das per Schiff transportiert wurde.

BRUMMI-ZITRONE!

SÜDFRÜCHTE AUS EUROPA haben eine relativ gute Klimabilanz – doch nicht alles ist überall erhältlich. Dann tut's manchmal auch ein Ersatz.

Wer unbehandelte Zitrusfrüchte kauft, am besten aus **BIO-ANBAU**, kann beim Kochen und Backen auch deren aromatische Schale verwenden – zum Beispiel fein gehobelt oder gerieben.

Zitronen und Limetten geben **MEHR SAFT** ab, wenn man sie zuvor mit der flachen Hand unter leichtem Druck auf der Arbeitsfläche hin und her rollt.

DIE WÜRZIGEN AROMEN der Limette gehen der Zitrone zwar ab, und Caipirinha oder Ceviche schmecken nur echt mit Limette. In Salatdressings und Nudelsaucen liefert aber auch Zitronensaft die gewünschte Säure. Zudem punkten Zitronen mit mehr Vitamin C und Kalium.

Rund **0,4 Kilogramm** CO_2 hat ein Kilogramm Zitronen im Gepäck, das auf einer Plantage in Spanien angebaut und mit dem Lastwagen nach Deutschland transportiert wurde. Außerdem bleiben Zitronen länger frisch als Limetten. Lagern sie dunkel und nicht zu warm, sind sie vier bis acht Wochen verwendbar, ohne zu schimmeln.

HINGEFAHREN?

VON DER STADT AUFS LAND und direkt beim Erzeuger kaufen – das garantiert höchste Frische, ist aber aus Umweltsicht nicht der Knaller.

Je weniger Sie Ihr Auto für Einkäufe bewegen, desto besser für die Umwelt. Muss es die **LANDPARTIE** mit dem Auto sein, erledigen Sie gleich Ihren Wocheneinkauf – oder kaufen Sie für Nachbarn mit ein.

HILFE BEI DER AUSWAHL, Beratung zu Inhaltsstoffen, Tipps zum Zubereiten und Lagern – wer Milch, Obst, Gemüse, Fleisch und Wurst direkt beim Bauern, in einem Hofladen oder auf dem Wochenmarkt einkauft, hat danach das gute Gefühl zu wissen, wo alles herkommt und was drinsteckt. Quasi nebenbei lassen sich so landwirtschaftliche Betriebe unterstützen und regionale Wertschöpfungsketten stärken. Alles prima – wären da nicht An- und Abfahrt. Mit dem Auto zurückgelegt, verschlechtert jeder Kilometer die Ökobilanz des Einkaufs.

HERGEBRACHT!

VOM FELD IN DIE STADT – da Öko-Lieferdienste auf einer Tour mehrere Abnehmer beliefern, verteilen sich auch die Emissionen für den Transport.

Wer nur Produkte der jeweiligen Saison will, wählt am besten eine **REGIONAL-KISTE** aus. Viele Anbieter beziehen zusätzlich Bioware aus anderen Ländern oder bieten sogar ganzjährig ein Vollsortiment an.

Bio-Kisten lassen sich per Telefon, Mail oder über die Website des Anbieters **BESTELLEN**. Betriebe finden Sie, wenn Sie im Internet nach „Bio-Kiste" und Ihrem Ort oder der Region suchen.

DIE WEGE KURZ HALTEN – was der Einzelne kaum schaffen kann, bewerkstelligen Lieferdienste durch ausgefeilte Routenplanung. Das sorgt nicht nur für maximale Frische und geringe Emissionen. Weitere Vorteile der Bio-Kisten sind die gesparte Zeit, die sonst für den Einkauf im Hofladen oder auf dem Markt draufginge, und die Sicherheit, dass automatisch für Nachschub gesorgt ist. Wer seine Bio-Kiste „abonniert", bekommt jede Woche eine neue geliefert – meist lässt sich der Inhalt nach persönlichen Vorlieben und Abneigungen auswählen.

KUHMILCH?

DASS MILCH UNGESUND IST, wie viele behaupten, ist wissenschaftlich nicht belegt. Dass ihre Klimabilanz nicht die beste ist, dagegen schon.

Noch mehr CO_2 als Milch verursachen **MILCHPRODUKTE** wie Käse, Joghurt, Frischkäse und Sahne. So sind für 250 Gramm Butter 4,5 Liter Milch erforderlich.

Da nur wenig Milch in **MEHRWEG-GLASFLASCHEN** abgefüllt wird, legt jede davon – inklusive Rücktransport zum Abfüller – im Schnitt 1442 Kilometer zurück. Deutlich besser schneiden Getränkekartons und PET-Flaschen ab. (Quelle: Ifeu)

EINEN LITER KUHMILCH herzustellen ist laut einer aktuellen Studie fürs Klima etwa so schädlich wie das Verbrennen eines halben Liters Benzin. Ein Hauptgrund ist das Methan, das Kühe beim Verdauen freisetzen. Werden die Tiere nicht im Stall gehalten, sondern düngen mit ihrem Mist die Wiese, auf der sie weiden, kann das die Klimabilanz verbessern: Der aufgebaute Humus bindet Kohlenstoff aus der Luft. Milch von Kühen, die oft weiden, ist also die bessere Wahl. In unserem Test von 2017 stammte u. a. jede Bio-Milch von Weidekühen.

PFLANZENDRINK!

SOJA, MANDEL, REIS ODER HAFER? Während der Pro-Kopf-Verbrauch von Kuhmilch sinkt, werden vor allem vegane Haferdrinks immer beliebter.

Während für einen Liter Vollmilch im Verbundkarton 1,3 bis 1,4 Kilogramm CO_2 ausgestoßen werden, liegen die **EMISSIONEN** bei Pflanzendrinks mit 0,3 bis 0,4 Kilogramm CO_2 deutlich darunter.

Haferdrinks enthalten nur ein Drittel so viel Eiweiß wie Milch, liefern dafür mehr ungesättigte **FETTSÄUREN** sowie Ballaststoffe. In unserem Test von April 2020 waren 12 von 18 Produkten „gut".

NEBEN EINER LAKTOSE-INTOLERANZ ist der Klimaschutz ein Grund, öfter zu „Pflanzenmilch" zu greifen. Während Reis- und Mandelanbau massenhaft Wasser verbrauchen und Sojadrinks teils mit Schadstoffen wie Nickel belastet sind, punkten Haferdrinks mit süßlicher Note, wenig Fett und guter Ökobilanz. Ihr Absatz stieg 2018 auf 34 Millionen Liter. Milcharomen sollte man von der gelblichen Flüssigkeit nicht erwarten – doch im Kaffee tritt ihr leicht bitterer Nachgeschmack zurück. Einige lassen sich sogar „Haferdrink Macchiato" aufschäumen.

ACQUA MINERALE?

OB AUS DEN ITALIENISCHEN ALPEN oder Südfrankreich: Kein Wasser ist so überragend, dass sein Geschmack den weiten Transport rechtfertigt.

Die Sieger in unserem Test stiller Mineralwässer vom Juli 2019 kamen aus Deutschland und waren mit **13 CENT PRO LITER** sehr günstig.

Rund zwei Drittel der bei uns verkauften Mineralwässer sind in **EINWEGFLASCHEN** erhältlich – obwohl deutsche Betriebe ihr Wasser überwiegend in Mehrwegflaschen abfüllen.

WER IM RESTAURANT Mineralwasser bestellt, bekommt oft eines aus Frankreich oder Italien. Ob es besser schmeckt – Ansichtssache. Seine Ökobilanz ist jedenfalls miserabel, denn es ist im Schnitt 850 Kilometer weit gereist – ein deutsches Wasser dagegen nur 260 Kilometer.

Wollen Sie die eigene Region stärken und das Klima schützen, setzen Sie auf Wasser aus der Nähe – nicht nur beim Restaurantbesuch.

Nachteil: Wer die empfohlenen 1,5 Liter täglich trinkt, muss im Jahr 562 Kilogramm (PET-Einwegflaschen) bzw. 1017 Kilogramm (0,7-Liter-Mehrweg-Glasflaschen) schleppen!

ROHRPERLE!

LEITUNGSWASSER KÖNNEN SIE BEDENKENLOS TRINKEN – wer es spritziger mag, kann es mit einem Wassersprudler nach Belieben aufpeppen.

Einen Test des Leitungswassers aus 20 Städten, einen Test zu **WASSERSPRUDLERN** sowie die wichtigsten Fragen und Antworten zum Thema finden Sie unter test.de/leitungswasser.

Blei- und Kupferrohre im Haus können Leitungswasser verunreinigen. Die Gesundheitsämter führen Analysen zum **BLEIGEHALT** durch oder vermitteln Labors.

GUT UND GÜNSTIG ist das, was da hierzulande aus dem Wasserhahn läuft. Zwar unterscheiden sich Geschmack und Gehalt an Mineralstoffen je nach Wohnort – doch in Sachen Keime und Schadstoffe garantieren die Wasserwerke einwandfreie Qualität bis zum Hausanschluss.

Mit **2,11 Euro** im Jahr ist dabei, wer 1,5 Liter Leitungswasser (0,385 Cent pro Liter) am Tag trinkt. Mit dem günstigsten von uns getesteten stillen Mineralwasser (13 Cent pro Liter) kämen Sie auf etwa 71 Euro. Etwa genauso viel kostet es, Leitungswasser mit maximaler CO_2-Zugabe aufzusprudeln.

Waschen, bügeln, putzen – soll es zu Hause sauber und wohnlich sein, ist eine Menge Arbeit zu erledigen. Auch Balkon, Terrasse oder Garten erfordern Pflege – und nicht zuletzt unser eigener Körper. Wie nachhaltig uns all das gelingt, hängt davon ab, welche Produkte wir kaufen, wie wir sie verwenden und entsorgen – und wie wir mit Energie und Wasser umgehen.

HAUSHALT UND GARTEN

IN KÜCHE UND BAD ALLES IM GRÜNEN BEREICH

Stellen Sie sich vor, Sie würden Ihren Drogeriemarkt betreten und fänden in den Regalen nur noch nachhaltige und umweltfreundliche Produkte. Keine Plastikstrohhalme mehr, keine Alufolie und keine reißfesten Vliestücher – statt Einweg-Produkten wiederverwendbare, langlebige Alternativen aus Glas, Holz und Textil. Anstelle der üblichen aufwendig verpackten und häufig stark konservierten Reinigungs- und Körperpflegemittel lägen dort umweltfreundlich hergestellte Produkte sowie zertifizierte Naturkosmetik. Gibt's nicht?

1. Bewusst einkaufen

Gibt's doch, zumindest: auch. So wird Einwegplastik, darunter Strohhalme, ab 2021 in der EU schrittweise aus dem Verkehr gezogen. Darüber hinaus gibt es zwar kein einheitliches Label für „grüne" Haushalts- und Körperpflegeprodukte, doch wer beim Einkauf genauer hinsieht, findet nachhaltige Reiniger, Shampoos und Kosmetika. Spezialisierte Online-Händler bieten recycelte oder nachhaltig produzierte und fair gehandelte Produkte an – vom Putzlappen über Kochtöpfe bis zur Wechselkopf-Zahnbürste.

2. Gewohnheiten überprüfen

Ob Teelicht, Gefrierbeutel oder Küchenrolle – zahlreiche Dinge, die wir jeden Tag nutzen, entpuppen sich bei näherem Hinsehen als kleine Umweltsünden. Stattdessen Kerzen, Vorratsdosen oder waschbare Küchentücher zu verwenden wird den Planeten nicht retten, macht uns jedoch bewusst, wie nachhaltiger Konsum aussehen kann. Weitere Kandidaten für Ihre Streichliste, da weitgehend nutzlos und unnötigen Müll verursachend, sind Rohrreiniger, WC-Duftsteine und Raumbedufter für die Steckdose.

Extra-Tipp: Laut Verbraucherzentrale Hamburg sind auch Weichspüler, Wasserenthärter-Tabs, Wäscheparfüms sowie Hygienespüler problemlos verzichtbar.

3. Abfälle verwerten

Im Jahr 2017 produzierte jeder Deutsche 557 Kilogramm Müll. Ein Teil davon ließe sich vermeiden, indem wir nicht mehr kaufen, als wir brauchen (siehe Grafik rechts), auf überflüssige Verpackungen verzichten etc. Das, was dennoch übrig bleibt, getrennt zu entsorgen schont Ressourcen und Umwelt. Landen Bioabfälle und Verpackungen dagegen im Restmüll, lässt sich

Wie sich vermeidbarer Lebensmittelabfall zusammensetzt (in Prozent)

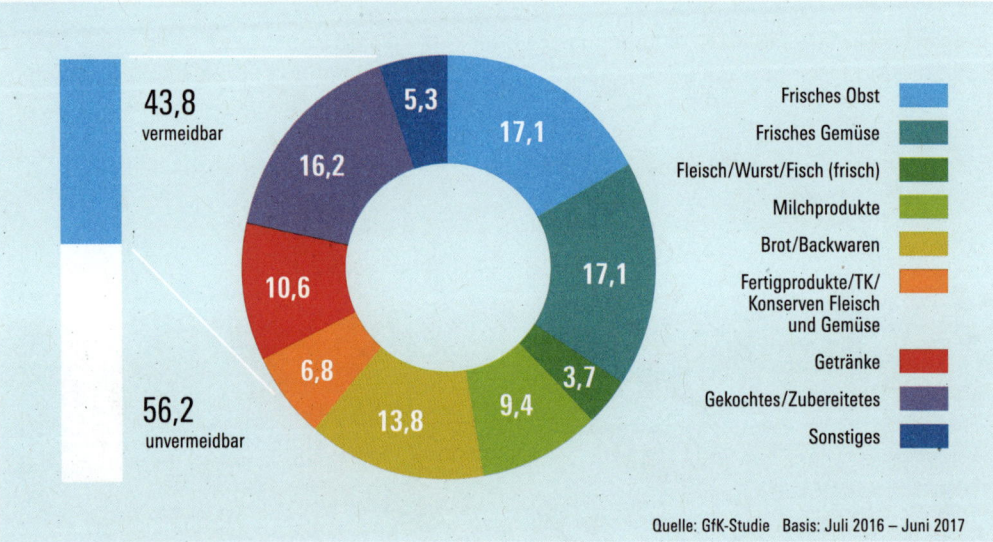

43,8
vermeidbar

56,2
unvermeidbar

5,3
17,1
16,2
17,1
10,6
3,7
6,8
9,4
13,8

Frisches Obst
Frisches Gemüse
Fleisch/Wurst/Fisch (frisch)
Milchprodukte
Brot/Backwaren
Fertigprodukte/TK/
Konserven Fleisch
und Gemüse
Getränke
Gekochtes/Zubereitetes
Sonstiges

Quelle: GfK-Studie Basis: Juli 2016 – Juni 2017

aus ihnen weder Kompost gewinnen noch lassen sich neue Produkte herstellen. Sie sind für den Stoffkreislauf verloren. Immerhin eine Chance auf Wiederkehr haben die Wertstoffe aus Millionen ausrangierten Handys und Smartphones, die in Schreibtisch-Schubladen vor sich hin altern. Wo man sie abgeben kann, steht ab S. 116.

4. Wasser und Energie sparen

Unser Test von Haarseifen und festen Shampoos von 2020 brachte es erneut ans Licht: Für die Klimabilanz eines Produkts spielt es eine relativ geringe Rolle, wie es verpackt ist (siehe S. 126). Natürlich ist es nicht egal, wie viel Plastikmüll wir erzeugen, wenn dieser zum Teil verbrannt oder in andere Länder exportiert wird. Doch von überragender Bedeutung ist unser Wasser- und Energieverbrauch. Beim Haarewaschen muss Energie das aus dem Hahn strömende Leitungswasser erwärmen. Je heißer es ist und je mehr davon durch den Abfluss rinnt, desto schlechter die Bilanz.

Extra-Tipp: Energiesparen ist auch beim Waschen und Trocknen von Wäsche ein großes Thema. Wie Sie hier Ihre Bilanz positiv beeinflussen und außerdem Geld sparen können, lesen Sie ab S. 130.

NEWCOMER?

EIN SANDWICH EINWICKELN, eine Schüssel abdecken – als Alternative zu Plastikfolie sind Bienenwachstücher der Renner. Doch es gibt auch Kritik.

Setzen Sie auf Tücher, die in der Region hergestellt wurden, mit **BIO-BIENENWACHS** imprägniert sind und kein Jojobaöl enthalten.

Fleisch und Wurst sowie Fisch und Eier können **KRANKHEITSKEIME** zurücklassen, die sich nur auf Kosten der Wachsschicht entfernen lassen.

SIE BESTEHEN AUS BAUMWOLLE, die mit Bienenwachs und oft auch mit Jojobaöl imprägniert wurde. Nach dem Gebrauch lassen sie sich reinigen und wiederverwenden: Bienenwachstücher sind praktisch, um Speisen aufzubewahren, und helfen, Müll zu vermeiden.

Doch laut Bundesinstitut für Risikobewertung (BfR) können die Imprägnierhilfen auf Lebensmittel übergehen. Jojobaöl habe generell nichts auf Speisen zu suchen, und auch Bienenwachs könne Schadstoffe enthalten. Von diesen könnten gerade fettige Speisen viel aufnehmen.

KLASSIKER!

IN VORRATSBEHÄLTERN PASSENDER GRÖSSE lassen sich Lebensmittel bequem und platzsparend lagern. Aufpassen heißt es bei Kunststoffboxen.

Bevorzugen Sie Vorratsbehälter aus **GLAS** oder **EDELSTAHL**. Auf diese Weise lassen sich etwa Schraubgläser umfunktionieren und weiternutzen.

Wer Dosen aus **KUNSTSTOFF** verwendet, sollte sicherstellen, dass diese kein Bisphenol A (BPA) enthalten.

DASS FRISCHHALTE- UND ALUFOLIE Einwegprodukte sind und unnötig Müll verursachen, liegt auf der Hand. Weniger bekannt ist, dass beide reichlich Emissionen im Gepäck haben. Alufolie ist zudem zum Einwickeln ungeeignet, da Aluminium auf Salziges und Saures wie Schinken und Äpfel übergeht und im Verdacht steht, Krankheiten wie Brustkrebs und Alzheimer auszulösen. Darum gehören Brote für Kita- und Schulkinder in eine coole Dose aus Kunststoff oder Edelstahl, zu schützende Lebensmittel in Vorratsboxen oder Schraubgläser.

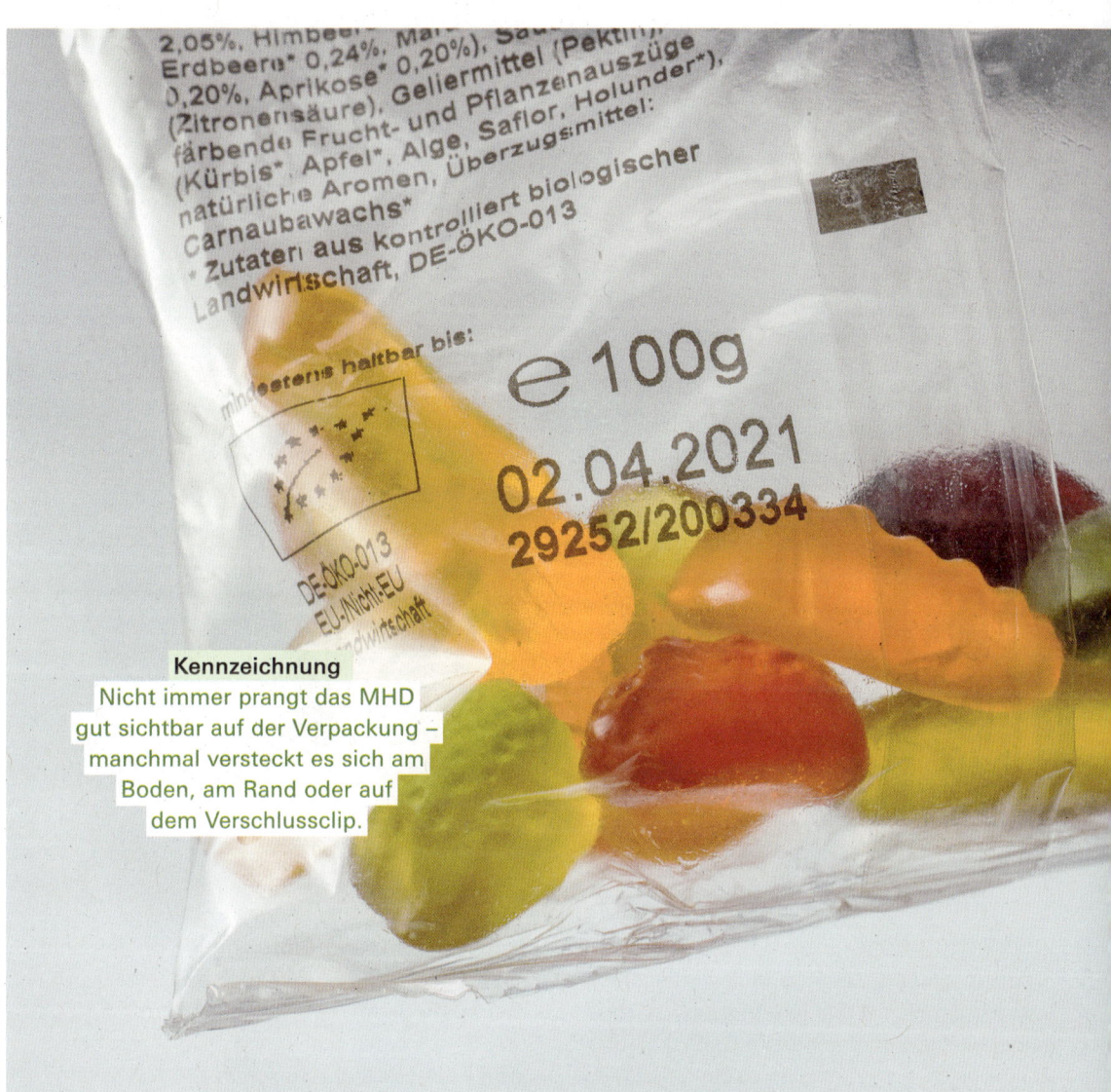

2,05%, Himbeer* Mar... Sau...
Erdbeere* 0,24%. Aprikose* 0,20%). Sau...
0,20%, Aprikose* 0,20%). Geliermittel (Pektin),
(Zitronensäure). Geliermittel (Pektin),
färbende Frucht- und Pflanzenauszüge
(Kürbis*, Apfel*, Alge, Saflor, Holunder*),
natürliche Aromen, Überzugsmittel:
Carnaubawachs*
* Zutaten aus kontrolliert biologischer
Landwirtschaft, DE-ÖKO-013

mindestens haltbar bis:

DE-ÖKO-013
EU-/Nicht-EU
...dwirtschaft

e 100g
02.04.2021
29252/200334

Kennzeichnung
Nicht immer prangt das MHD
gut sichtbar auf der Verpackung –
manchmal versteckt es sich am
Boden, am Rand oder auf
dem Verschlussclip.

VERSTEHEN SIE „EM-HA-DEH"?

Ob Mehl oder Reis, Milch oder Butter, Schokolade oder Gummibärchen – auf den meisten Lebensmittelverpackungen prangt hierzulande ein ominöses Datum. Auf viele Menschen übt dieses Datum eine geradezu hypnotische Wirkung aus – denn sobald es erreicht ist, zwingt sie eine innere Stimme, das betreffende Lebensmittel in den Müll zu werfen. Die Folgen sind gravierend, ließen sich aber relativ einfach vermeiden – wenn alle Menschen „MHD" verstünden.

Was „MHD" heißt Die Abkürzung „MHD" steht für Mindesthaltbarkeitsdatum. Da es sich um ein Wortungetüm handelt, mag manchem entgehen, dass darin neben „Haltbarkeit" auch der Bestandteil „mindest" steckt. „Mindestens haltbar bis" – das bedeutet: Sind Reis, Butter oder Schokolade „abgelaufen", sind sie nicht schlagartig verdorben und schaden der Gesundheit oder schmecken komisch. Der Hersteller übernimmt ab dann lediglich keine Garantie mehr für die Qualität seines Produktes.

Was „MHD" erfordert Die Verantwortung geht nach Ablauf des MHD auf den Käufer über. Warum übernehmen wir sie als mündige Konsumenten nicht einfach – und vertrauen auf unsere Sinne? Schauen, riechen und schmecken, ob etwas noch genießbar ist? Bei gekühlten Lebensmitteln wie Milch und Butter sind das mehrere Tage oder ein, zwei Wochen, bei Trockenprodukten wie Reis und Nudeln sowie Konserven Monate oder Jahre.

Was „MHD" anrichtet Folge des massenhaften Wegwerfens: rund 7 Millionen Tonnen entsorgte Lebensmittel pro Jahr – allein in Deutschland! Selbst wenn jedes einzelne Kilogramm korrekt in der Biotonne landete, wurden massenhaft Rohstoffe, Wasser und Energie für Herstellung und Transport, Verpackung und Kühlung der Lebensmittel verschwendet. Unterm Strich bleiben unnötige Emissionen und ein Haufen Müll.

Was „MHD" nicht ist Im Unterschied zum Mindesthaltbarkeitsdatum steht auf empfindlichen Produkten wie Hackfleisch und Räucherlachs ein Verbrauchsdatum. Dieses besagt das, was dem MHD fälschlicherweise zugeschrieben wird: dass ein Lebensmittel nach Ablauf nicht mehr gegessen werden sollte.

Achtung: Das MHD gilt nur für original verpackte Ware! Der Inhalt einer geöffneten Verpackung ist Sauerstoff, Feuchtigkeit und Mikroorganismen ausgesetzt und kann dann schneller verderben.

WIE LEBENSMITTEL LÄNGER LEBEN: DIE LAGERFRAGE

Viel wäre gewonnen, wenn wir die ständig verfügbare und häufig grotesk billige Ware „Lebensmittel" mehr wertschätzen würden. Zuallererst hieße das: Lebensmittel sind zum Essen da – nicht zum Wegwerfen! Mal abgesehen von der Ware, die gar nicht in die Regale gelangt, weil sie nicht der Norm entspricht, werfen auch private Haushalte geschätzte 30 Prozent ihrer Lebensmittel in den Müll – laut Bundeslandwirtschaftsministerium 55 Kilogramm pro Kopf und Jahr. Die Hälfte des Abfalls ließe sich vermeiden – vor allem Obst und Gemüse, Gekochtes, Brot und Milchprodukte.

TIPP 1: Einkäufe planen

Oberste Regel: Kaufen Sie nur so viel, wie Sie verbrauchen. Planen Sie, was Sie kochen und essen wollen, am besten für eine ganze Woche. Schreiben Sie eine Liste. Gehen Sie nicht hungrig einkaufen, nehmen Sie sich Zeit dafür und kaufen Sie möglichst wenig „aus dem Bauch heraus".

Extra-Tipp: Noch praktischer als Einkaufszettel sind Apps wie „Die Einkaufsliste", „Bring!" oder „Wunderlist". Darin können Sie Listen anlegen und diese mit anderen Haushaltmitgliedern teilen.

TIPP 2: Kühlschrank richtig nutzen

Wie lange sich Lebensmittel halten, hängt auch davon ab, wie sie gelagert werden. Obst, Gemüse und Salat gehören im Kühlschrank bei zirka 8 Grad ganz unten ins Gemüsefach. Moderne Geräte bieten für kälteunempfindliche Sorten eine „Null-Grad-Zone" mit hoher Luftfeuchtigkeit. Fisch und Fleisch legen Sie bei 2 bis 3 Grad auf die unterste Ablage – oder, falls vorhanden, in die „Null-Grad-Zone" mit niedriger Luftfeuchtigkeit. Milchprodukte gehören auf die mittlere, Speisereste sowie angebrochene Konserven (in Gläser umgefüllt) bei 8 bis 12 Grad auf die oberste Ablage. Weichkäse, Eier, Butter und Getränke haben ihren Platz in der Tür. Mit Ausnahme von Obst und Gemüse sollte alles gut verpackt sein.

Extra-Tipp: Karotten, Kohlrabi, Rote Bete und Radieschen befreien Sie vor dem Lagern von ihren Blättern. Sind diese frisch und bio, nicht wegwerfen, sondern waschen und für Suppe oder Smoothie verwenden.

TIPP 3: Bei Zimmerwärme lagern

Nicht in den Kühlschrank gehören Trockenprodukte wie Reis, Mehl und Nudeln sowie Linsen, Erbsen, Grieß, Couscous & Co. An-

RESTE RETTEN ÜBERS INTERNET

AUCH IN CAFÉS, RESTAURANTS, Imbissen und Bäckereien landen jede Menge genießbare Lebensmittel im Müll. Geschätzt sind das zirka eine Million Tonnen pro Jahr.

EINIGE INITIATIVEN UND START-UPS wollen gegen die Wegwerfkultur ankämpfen und haben Apps veröffentlicht, die jeder nutzen kann. Beispiel: Too Good To Go. Die Idee: Bäckereien, Cafés, Hotels und Restaurants bieten übrig gebliebenes Essen für wenig Geld an. Hungrige informieren sich über die App, welche Anbieter es in ihrer Nähe gibt, bestellen ihre „Wundertüte", bezahlen den

Preis (ab 2 Euro) über die App und holen sie kurz vor Ladenschluss ab – idealerweise nicht mit dem Auto. Einen ähnlichen Ansatz verfolgt ResQ Club, das außer per App über den Internet-Browser funktioniert.

EIN GANZER SUPERMARKT für aussortierte Lebensmittel ist Sir Plus in Berlin. Hier gibt es (fast) abgelaufene oder aus anderen Gründen aussortierte Lebensmittel. Das Start-up verfügt über einen Lieferdienst (sirplus.de), der online bestellte Waren sowie fertig gepackte „Retterboxen" (auch im Abo erhältlich) in die gesamte Bundesrepublik liefert.

gebrochene Packungen füllen Sie in dicht schließende Gläser um, damit keine Schädlinge eindringen können. Auch Nüsse, Kerne und Samen sowie Südfrüchte wie Bananen, Ananas und Zitrusfrüchte lagern Sie bei Zimmertemperatur. Einen trockenen, kühlen und dunklen Ort brauchen Kartoffeln und Zwiebeln, dasselbe gilt für Öle. Brot und Brötchen bleiben in einer Brotbox oder einem Topf aus Steingut länger frisch.

Extra-Tipp: In einer Obstschale verlieren Äpfel schon nach kurzer Zeit Säure, Vitamin C und sekundäre Pflanzenstoffe. Lagern Sie sie deshalb am besten im Kühlschrank in einer perforierten Plastiktüte.

TIPP 4: ... und im Gefrierschrank?
Verderbliche Waren wie Fleisch und Fisch oder auch die Beerenernte aus Ihrem Garten eignen sich für die Lagerung im Tiefkühler. Verpacken Sie die Sachen am besten portionsweise und möglichst luftdicht, um Gefrierbrand zu vermeiden. Gemüse wie Erbsen, Möhren, Brokkoli und Lauch blanchieren Sie vorher ein bis zwei Minuten in kochendem Wasser, schrecken sie dann in Eiswasser ab und geben sie in einen Mehrweg-Gefrierbeutel oder einen Gefrierbehälter aus Plastik. So werden sie im Kälteschlaf nicht matschig oder verderben sogar.

WAS GEHÖRT IN WELCHE MÜLLTONNE?

Der Müll, den wir in rauen Mengen produzieren, lässt sich nur aufbereiten und wiederverwenden, wenn wir die verschiedenen Materialien sauber voneinander trennen. Da es regionale Unterschiede gibt, was in welchen Behälter gehört, erkundigen Sie sich am besten beim Entsorger – oder lesen auf der Tonne nach.

Weniger Müll hilft der Umwelt, deshalb lohnt es sich, Lebensmittel nicht zu verschwenden, auf Papier- und Plastiktüten zu verzichten, Mehrweg- und Nachfüllpackungen zu kaufen und kaputte Dinge zu reparieren.

Das darf rein …
Hygieneartikel, Windeln, Tierstreu, Kerzen, Leder, Haare, Asche, Kehricht, Staubsaugerbeutel, eingetrocknete Farben, Keramik, Porzellan, Spiegel- und Fensterglas, Glühlampen, fettiges, beschichtetes und verschmutztes Papier, abgelaufene Medikamente.

… und das nicht
Küchenabfälle (Biotonne), Sperrmüll, CDs, Elektroschrott, Energiesparlampen (Wertstoffhof), Batterien/Akkus (Rücknahmesystem im Einzelhandel), Altkleider und Schuhe (Kleidercontainer).

Das darf rein …
Organische Küchenabfälle (Reste und Schalen von Kartoffeln, Obst etc.), Kaffeefilter, Schnittblumen, Gartenabfälle (Laub, Rasen-, Strauchschnitt), je nach Entsorger auch Lebensmittel- und Speisereste, abgelaufene Lebensmittel ohne Verpackung, Küchenkrepp, Teebeutel, Kleintierstreu.

… und das nicht
Müllbeutel und Plastiktüten, bei den meisten Entsorgern auch Bio-Mülltüten aus Plastik, Styropor (Verpackungen), Katzenstreu, Asche, Erde, Sand, Steine, Zigarettenkippen (Restmüll).

Papier

Das darf rein …
Zeitungen, Zeitschriften, Kataloge, Prospekte, Kartons (ohne breite Klebebänder), Bücher, Hefte, Schreibpapier, Spiralblöcke (ohne Metallspirale), Eierkartons, Briefumschläge, Zettel, Papierrollen von Toiletten- und Küchenpapier.

… und das nicht
Saft- und Milchkartons (Verpackungen), beschichtetes Papier, Faxpapier, Thermodrucker- und Kohlepapier sowie Tapetenreste (Restmüll).

Verpackungen

Das darf rein …
Kunststoffverpackungen wie Margarine- und Joghurtbecher, Schalen von abgepacktem Obst/Gemüse und Wurst, leere Chipstüten, leere Konserven-, Getränke- und Spraydosen, Waschmittel- und Weichspülerflaschen, Getränkekartons aus Verbundmaterial, Kunststoff-/Alufolie.

… und das nicht
Medikamente, Seile, Bänder, Netze, Plastikspielzeug, Töpfe, Videobänder (Restmüll).

Altglas

Das darf rein …
Flaschen (Saft, Wein, Essig, Öl etc.), Gläser (Marmelade, Senf, Konserven), sonstige Verpackungen aus Glas (z.B. Parfüm-Flakons), nach Möglichkeit alle ohne Deckel bzw. Verschluss einwerfen.

… und das nicht
Trinkgläser, (Blei-)Kristall, Fenster- und Spiegelglas, Keramik, Steingut und Porzellan, Glühlampen, leere Behälter aus anderen Materialien (Restmüll), Energiesparlampen (Wertstoffhof).

DIESE WAHRHEITEN KÖNNEN SIE IN DIE TONNE TRETEN!

„Mülltrennung bringt nichts. Die Entsorger kippen später ohnehin alles wieder zusammen, um ihre Verbrennungsanlagen auszulasten." Zum Thema Abfallentsorgung kursiert vor allem in sozialen Netzwerken – neben sachlicher Kritik – auch jede Menge Halb- und Unwissen. Kaum eine These ist abstrus genug, als dass sie nicht ein paar Likes einsammeln könnte. Richtig ist: Das Verbrennen sämtlichen Mülls wäre nicht nur fatal für Umwelt und Klima – auch die Entsorger haben ein Interesse an der Trennung, weil sie mit Wertstoffen Geschäfte machen können. Hier weitere verbreitete Irrtümer und die Fakten dazu.

1. „Bei Altglas ist die Farbe egal."
Falsch. Aus der Tatsache, dass alle Glastonnen beziehungsweise Sammelcontainer ins selbe Fahrzeug entleert werden, sollte man keine voreiligen Schlüsse ziehen – denn das Fahrzeug besitzt drei Kammern: für Weiß, Braun, Grün. Was viele nicht wissen: Glas lässt sich beliebig oft einschmelzen und ist deshalb perfekt für Recyclingzwecke geeignet. Je sauberer Altglas getrennt wird, desto weniger Energie ist erforderlich, um es

aufzubereiten und neue Glasverpackungen herzustellen. Heute werden rund 90 Prozent des eingesammelten Glases recycelt.

Extra-Tipp: Besonders wichtig ist die Farbreinheit bei weißem und braunem Altglas. Werfen Sie deshalb andersfarbige Flaschen oder „Zweifelsfälle" zwischen Grün und Braun in den Container für Grünglas.

2. „In die schwarze Tonne darf alles hinein. Es wird ohnehin sortiert."
Falsch. Restmüll wird verbrannt. Was sich darin vermischt, ließe sich nur mit hohem Aufwand wieder trennen. So wird etwa Papier so durchfeuchtet, dass Sortieranlagen überfordert wären. Immerhin lassen sich nach dem Verbrennen aus der Schlacke verwertbare Metalle gewinnen.

3. „In die Gelbe Tonne dürfen auch Spielzeug und Elektroschrott."
Nein. Gelber Sack und Gelbe Tonne sind nur für Verpackungen gedacht. Deren Entsorgung wird über Lizenzgebühren finanziert, die Hersteller der Produkte zahlen. Für die Umwelt ist es jedoch besser, wenn auch „Nichtverpackungen" aus Kunststoff und Metall gesammelt werden, etwa kaputtes

MÜLL TRENNEN: JE KONSEQUENTER, DESTO BESSER

FÜRS RECYCLING ist es am besten, wenn Materialien klar getrennt sind. So lässt sich das Einwickelpapier vom Käse- oder Wurststand oft in Papier und Folie trennen und über die Blaue bzw. Gelbe Tonne entsorgen.

BRIEFUMSCHLÄGE dürfen zwar samt Sichtfenster in den Papiermüll – doch wer es entfernt, erleichtert die Wiederverwertung. Luftpolsterumschläge gehören in den Restmüll – oder: Folie und Papier getrennt entsorgen.

SCHRAUBDECKEL von Flaschen und Gläsern können moderne Sortieranlagen entfernen – genau wie Korken übrigens –, doch besser aufgehoben sind sie im Verpackungsmüll.

VERBUNDMATERIALIEN, etwa von aluminiumbeschichteten Getränkekartons, lassen sich nicht sortenrein trennen. Lösen Sie aber den Ausgießer ab und geben Sie ihn mit Karton und Schraubdeckel lose in den Gelben Sack.

FOLIEN VON KÄSE- UND WURSTSCHALEN bestehen aus einem anderen Kunststoff als die Schale. Ziehen Sie die Folie deshalb vor dem Entsorgen vollständig ab – sonst landet die Verpackung in der Müllverbrennung!

Spielzeug, Pfannen oder Kleiderbügel. Möglich ist das aber nur in Kommunen, die Bürgern die orangene Wertstofftonne anbieten. In sie dürfen mancherorts sogar kleine Elektrogeräte geworfen werden, ansonsten gehören diese auf den Wertstoffhof.

4. „In die Blaue Tonne gehört alles, was irgendwie aus Papier ist."
Falsch. Verbundmaterial hat dort nichts zu suchen, etwa Getränkekartons sowie mit Folie beschichtetes Papier, in das der Fleischer die Wurst einwickelt. Nicht hinein gehören auch Hygiene- und Wachspapier sowie Tapetenreste, Fotos und Servietten. Benutztes Küchenpapier und Papiertaschentücher kommen in die Biotonne.

5. „Zum Recyclinghof zu fahren lohnt sich nur für große Sachen."
Richtig ist, dass es ökologisch sinnlos ist, wegen einer Tüte mit Flaschenkorken, ein paar CDs oder dem kaputten Föhn extra mit dem Auto zum Wertstoffhof zu fahren. Doch wertvolle Stoffe können auch kleinere Gegenstände enthalten. Am besten eine Weile sammeln und irgendwann auf der Einkaufstour einen Abstecher machen.

AUSGESPÜLT?

ALS WELTMEISTER IM MÜLLTRENNEN entsorgen wir leere Plastikbecher natürlich nicht einfach – wir machen sie vorher gründlich sauber.

Eine Verpackung wird umso eher recycelt, je einheitlicher sie ist. Besteht sie aus **MEHREREN STOFFEN,** dann trennen Sie diese soweit möglich voneinander: Ziehen Sie von Kunststoffbechern den Aludeckel ab und entsorgen Sie die Pappbanderole im Papiermüll.

Wer Verpackungen – inklusive solche aus Verbundmaterialien – konsequent im **GELBEN SACK** oder der Wertstofftonne entsorgt, hilft, die Recyclingquote zu erhöhen.

IRGENDWIE UNAPPETITLICH, wie es da aus dem Gelben Sack müffelt. Und der Griff in den Becher mit dem Joghurtrest neulich war echt eklig. Doch leere Verpackungen deshalb extra ausspülen? Wasser, Energie und Spülmittel investieren in etwas, das entsorgt – wenn auch fürs Recycling – werden soll? Klarer Fall: Damit helfen Sie weder der Umwelt, noch nehmen Sie jemand Arbeit ab. Kunststoffbecher, Weißblechdosen oder Alufolieknäuel lassen sich genauso gut recyceln, wenn Speisereste daran haften – sie werden ohnehin vorher gereinigt.

AUSGELÖFFELT!

INVESTIEREN SIE DIE MÜHE nicht ins Auswaschen, sondern ins Entleeren. Ob der Becher recycelt wird, hängt nicht von ein paar Puddingspuren ab.

Checken Sie, ob Sie Ihren Lieblingspudding auch im **MEHRWEGGLAS** bekommen. Die besten Plastikverpackungen sind die, die wir nicht kaufen – und folglich auch nicht wegwerfen müssen.

Der Kunststoff, aus dem derartige Becher bestehen, heißt **POLYPROPYLEN**. Da er sich sehr gut aufbereiten und weiterverarbeiten lässt, ist er im Recycling-Business besonders gefragt.

DER GESETZGEBER SIEHT DIE SACHE untypisch lässig: „Restentleert" sollen Verpackungen sein – nicht ausgespült. Für Puddingfans heißt das: schön aufessen! Bleibt etwas übrig, kratzt man den Rest aus und entsorgt den Becher „löffelrein". Cleverer Trick, um Gerüche zu vermeiden: Lassen Sie Reste im Becher über Nacht antrocknen. Dagegen werden halbvolle Plastikbecher aussortiert und verbrannt. Dasselbe gilt für Becherstapel. Übrigens: Um Platz im Gelben Sack oder der Tonne zu sparen, dürfen Sie leere Getränkekartons zusammenfalten.

Sortieranlage
Je besser verschiedene Kunststoffe voneinander getrennt werden, desto höher die Qualität des Recycling-Materials.

RECYCLING VON VERPACKUNGEN

Der Gelbe Sack voll mit Plastikverpackungen und Blechdosen, im Altglasbehälter türmen sich Flaschen und Gläser, und auch der Papiermüll müsste mal wieder geleert werden. Selbst Menschen, die ihren Verpackungsabfall bewusst reduzieren wollen, sind oft fassungslos, wie schwer das ist. Kann man sich wenigstens darauf verlassen, dass man der Umwelt etwas Gutes tut und möglichst viel Plastik, Glas und Papier wiederverwendet werden?

Immer mehr Müll 2017 stieg in Deutschland die Menge an Verpackungsmüll auf 18,7 Millionen Tonnen. 47 Prozent davon produzierten private Haushalte. **Auf jeden Bürger entfielen damit 107 Kilogramm, davon rund 38 Kilogramm Plastikmüll.** In 62 Prozent der Verpackungen waren Lebensmittel, Getränke und Haustierfutter.

Material entscheidend Laut Umweltbundesamt (UBA) wurden 2017 rund 95 Prozent des privat verursachten Verpackungsmülls verwertet. Das heißt nicht, dass er recycelt wurde – auch das Verbrennen zur Energiegewinnung fällt unter „Verwertung". Welcher Anteil wiederverwendet wird, hängt vom Material ab. **Hoch ist die Quote bei Papier und Karton mit 87,6 Prozent sowie Glas mit 84,4 Prozent.** Für Verpackungen aus Kunststoff nennt das Bundesumweltministerium „mehr als 50 Prozent", die „dem Recycling zugeführt" wurden – also in einer Sortieranlage landeten.

Plastik-Probleme Problemlos recyceln lässt sich Glas (siehe S. 102). Die Produktion von Recyclingpapier spart ebenfalls Energie und Rohstoffe. Aufwendiger ist das Recyceln von Kunststoffen, da diese sortenrein sein müssen – nahezu aussichtslos bei Verpackungen aus mehreren miteinander verschmolzenen Kunststoffen („Multilayer"). Zudem besitzt Recycling-Kunststoff aufgrund von Verunreinigungen nur selten die Qualität von neuem Kunststoff. Eine der Ausnahmen: Aus alten PET-Flaschen können neue PET-Flaschen werden. **Meist jedoch entsteht aus dem „Rezyklat" etwas weniger Hochwertiges wie Parkbänke oder Textilfasern.** Abfälle aus dem Gelben Sack machen nur 5,6 Prozent der Kunststoffproduktion aus.

Neue Quoten Immerhin gilt in Deutschland seit Anfang 2019 ein Verpackungsgesetz, das höhere Recyclingquoten vorgibt: So muss Kunststoff jetzt zu 58,5 Prozent „werkstofflich" verwertet werden, ab 2022 sogar zu 63 Prozent. Die Recycling-Quote für Metalle, Papier und Glas liegt dann bei 90 Prozent.

BLAUE TONNE?

ALTPAPIER GLEICH BLAUE TONNE – so haben wir es gelernt.
Doch längst nicht alles, was aus Papier ist, eignet sich fürs Recycling.

In Deutschland landen massenhaft Pizzakartons mit **ESSENSRESTEN** in der Blauen Tonne. Da sich die Reste kaum entfernen lassen, werden sie samt Karton recycelt. Folge ist eine schlechtere Qualität des Recycling-Papiers.

Nicht in die Papiertonne gehören neben verschmutzten **PIZZAKARTONS** auch benutztes Backpapier, Butterbrotpapier sowie beschichtetes Geschenkpapier.

RICHTIG ENTSORGT HILFT ALTPAPIER, Ressourcen wie Wasser und Holz zu schonen. Und so strengen wir uns an, damit uns keine Zeitung, keine Zeitschrift, kein Pappkarton – was eigentlich noch alles? – durch die Lappen geht. Fest steht: Verpackungen aus Papier, Prospekte und Kataloge, Bücher, Hefte und Schreibpapier sind ein Fall für die Blaue Tonne – Tapetenreste, Wachs- und Fotopapier sowie beschichtetes und imprägniertes Papier jedoch nicht! Wer sie hineinwirft, macht im Extremfall eine ganze Abfallcharge nutzlos für die Wiederverwertung.

SCHWARZE TONNE!

DER VERSCHMUTZTE PIZZAKARTON gehört genauso in den Restmüll wie Backpapier und gebrauchte Servietten.

Sind Papier oder Karton **VERSCHMUTZT** oder fettig, beschichtet (etwa bei Tiefkühllebensmitteln) oder reißfest (zum Beispiel Feuchttücher), sollten sie grundsätzlich in der Restmülltonne landen.

Nicht immer muss gleich der gesamte Karton in den Restmüll: Ist der **DECKEL** frei von Fettspuren und Pizzaresten, kann man ihn mit einem Handgriff abreißen und im Altpapier entsorgen.

WIR DEUTSCHEN SIND PROFIS im Mülltrennen – doch Tausende Tonnen Abfall landen auch bei uns in der falschen Tonne. So ist die schwarze Restmülltonne tatsächlich nur für den „Rest" des Mülls gedacht – also für das, was sich nicht anderweitig verwerten lässt (siehe S. 100). Und der Pizzakarton mit Fettflecken, die Pappschachtel mit Spinatresten sowie benutzte Papiertaschentücher sollten schon allein aufgrund der Verunreinigungen nun mal nicht recycelt werden. Taschentücher können obendrein Krankheitserreger enthalten.

MÜLLTRENNUNG: INFOS AUF DER VERPACKUNG

Symbole auf Verpackungen können schon beim Einkaufen helfen, weniger Müll zu produzieren – etwa, indem Kunden Mehrwegflaschen bevorzugen. Was nicht in den Pfandautomaten gehört, wandert nach Gebrauch in den Müll. Symbole liefern auch Infos darüber, in welche Tonne eine Verpackung gehört und ob sie sich weiterverwenden lässt.

Grüner Punkt

Zwei kreisförmig ineinander verschlungene Pfeile symbolisieren, dass eine Verpackung von der Duales System Deutschland GmbH lizenziert wurde. Dieses Unternehmen sorgt – wie andere duale Systeme in Deutschland – dafür, dass Verpackungen über den Gelben Sack, die Gelbe Tonne beziehungsweise die Wertstofftonne gesammelt sowie anschließend sortiert und verwertet werden. Aus dem Granulat, das aus Teilen des Plastikmülls gewonnen wird, können dann neue Produkte entstehen.

Einwegpfand

Dose und Flasche auf einem geschwungenen blauen Pfeil verraten, dass es sich um eine Einwegpfandverpackung handelt. Bei Plastikflaschen bedeutet das, dass sie zwar in den Pfandautomaten gehören, jedoch eingeschmolzen und in andere Produkte verwandelt oder verbrannt werden. Bestimmte Behälter sind von der Pfandpflicht ausgenommen, müssen dafür aber den Grünen Punkt tragen.

Mehrweg

Ökologisch besser sind Mehrwegverpackungen, die gesäubert und erneut verwendet werden. Für Mehrwegprodukte gibt es kein einheitliches Zeichen.

Durchgestrichene Abfalltonne

Dieses Symbol tragen Elektro- und Elektronikgeräte. Es weist darauf hin, dass sie nicht in den Hausmüll dürfen, sondern wegen der enthaltenen Wert- und Schadstoffe separat zu entsorgen sind, etwa über einen Recyclinghof.

Bio-Kunststoff

Mit dem Kompostierbarkeitszeichen sind Verpackungen aus biologisch abbaubarem Kunststoff gekennzeichnet. Dennoch dürfen sie in Deutschland nicht für Biomüll verwendet werden, weil in den Kompostieranlagen die zum Verrotten nötigen Temperaturen nicht erreicht werden. Das gilt auch für abbaubare Biomüll-Tüten, falls

der örtliche Entsorger nicht explizit etwas anderes regelt (siehe S. 113).

Recyclingcode
Ein Dreieck aus drei Pfeilen mit einer Zahl und einer Abkürzung dient vor allem Recyclingfirmen als Hinweis, gibt aber auch Verbrauchern Auskunft – etwa darüber, ob ein Produkt aus Polycarbonat (PC) besteht und das gesundheitsschädliche Bisphenol A enthält (Code „7"). Die Angabe ist freiwillig. Manche Verpackungen enthalten mehrere Codes, die Hinweise auf die Entsorgung einzelner Teile geben. Im Folgenden wichtige Codes und ihre Bedeutung.

Kunststoffe Die Codenummern 1 bis 7 stehen für Kunststoffe mit verschiedenen Eigenschaften: Polyethylenterephthalat (PET, „1"), Polyethylen mit hoher Dichte (HDPE, „2"), Polyvinylchlorid (PVC, „3"), Polyethylen mit niedriger Dichte (LDPE, „4"), Polypropylen (PP, „5"), Polystyrol (PS, „6") sowie „andere" Kunststoffe, das heißt Polycarbonat und Polyamide (Other, „7"). So gekennzeichnete Verpackungen werden über den Gelben Sack oder die Gelbe Tonne beziehungsweise die Wertstofftonne entsorgt.

Glas Die Codes „70", „71" und „72" mit dem Kürzel GL tragen Flaschen und Gläser aus farblosem (70), grünem (71) oder braunem (72) Glas. Sie können insbesondere bei der Entscheidung helfen, ob eine Flasche in den Container für grünes oder braunes Glas gehört. Glas lässt sich beliebig oft recyceln. Glasflaschen gelten wegen ihrer höheren „Umlaufzahl" trotz höheren Gewichts als etwas umweltfreundlicher als PET-Flaschen.

Papier/Pappe
Die Codes „20" bis „22" samt Kürzel PAP stehen für Verpackungen aus Karton, Pappe und Papier. Diese bestehen aus Frischfasern oder Recycling-Papier. Da sie ohne Beschichtung nicht vor Feuchtigkeit und Sauerstoff schützen, eignen sie sich nur für Trockenprodukte wie Mehl und Zucker. Entsorgt werden diese Verpackungen über die Blaue Tonne.

Metall Den größten Anteil an metallischen Verpackungen machen Getränke- und Konservendosen aus. Als Materialien kommen vor allem Weißblech (FE, „40") und Aluminium (ALU, „41") zum Einsatz. Die Verarbeitung und Rückgewinnung, insbesondere von Aluminium, erfordern viel Energie. Die Entsorgung erfolgt über Gelben Sack/Gelbe Tonne oder Wertstofftonne.

MOGELPACKUNG?

KUNSTSTOFFBEUTEL, die sich samt Abfall beim Kompostieren auflösen? Leider zu schön, um wahr zu sein.

Da sie sich aufgrund zu niedriger Temperaturen **NICHT ZERSETZEN**, rät das Umweltbundesamt, Tüten aus Biokunststoff nicht auf dem heimischen Kompost verrotten zu lassen.

STABIL UND WASSERFEST sollen Müllbeutel sein. Für Bio-Abfälle sind Plastikbeutel jedoch ungeeignet, denn Plastik verrottet nicht. Als Lösung preisen Hersteller Tüten aus biologisch abbaubarem Kunststoff an – doch das stimmt nicht: Die Tüten zersetzen sich viel zu langsam.

Laut Euro-Norm müssen sie nach zwölf Wochen zu 90 Prozent in höchstens 2 Millimeter große Schnipsel zerfallen sein. Doch in Verwertungsanlagen bleiben nur vier bis fünf Wochen Zeit. Folge: Bio-Tüten werden aussortiert – häufig samt des wertvollen Inhalts – und verbrannt.

RECYCLING-TÜTE!

ABFALLENTSORGER EMPFEHLEN stattdessen spezielle Tüten aus Recycling-papier. Die halten fast genauso dicht – und verrotten tatsächlich.

Noch ressour-censchonender ist es, Küchenabfälle ohne jede Tüte in einem verschließba-ren **BEHÄLTER** aus Kunst-stoff oder rostfreiem Stahl zu sammeln. Feuchte Reste können Sie in einen Bo-gen Zeitungspapier einwickeln.

Fragen Sie auf Ih-rem **WERTSTOFFHOF** nach, ob Sie dort beschich-tete Papiertüten für Ihre Bio-Abfälle kostenlos beziehen können.

LOSE KÜCHENABFÄLLE zu entsorgen und da-nach den müffelnden und tropfenden Behälter zu reinigen ist nicht jedermanns Sache. Deut-lich weniger Nacharbeit fällt an, wenn Sie den Boden des Sammelbehälters mit Papier aus-legen und die Abfälle regelmäßig in die Bio-Tonne leeren. Soll es eine Tüte sein, dann eine aus Recyclingpapier mit Blauem Engel. Wer ei-nen Garten hat, kompostiert organische Abfälle am besten selbst. Für Terrasse und Balkon gibt es Behälter („Wurmkomposter"), in denen Re-genwürmer aus Abfällen Kompost machen.

BIO-ABFALL: GRUNDSTOFF FÜR KOMPOST UND BIOGAS

Brotreste, Kartoffelschalen, Kaffeesatz – organischer Abfall lässt sich vollständig recyceln. In Kompostierungsanlagen wird er zu einem natürlichen Bodenverbesserer, den Landwirte und Gärtner zu schätzen wissen und der Kunstdünger und Torf ersetzt.

In manchen Regionen werden die Abfälle vorher in einer Biogasanlage vergoren, und aus ihrer Energie in einem Blockheizkraftwerk Strom und Wärme gewonnen, die in ein Nah- oder Fernwärmenetz eingespeist wird. Speziell gereinigtes Biogas kann auch zu Bio-Methan werden, das Fahrzeuge antreibt oder in einem Gaskraftwerk zu grünem Strom wird. Gärreste lassen sich anschließend zu Kompost oder zu Dünger verarbeiten. Experten halten diese „Kaskadennutzung" für den Königsweg.

1. Bio-Tonne nicht flächendeckend

Voraussetzung ist, dass Bioabfälle in einer Bio-Tonne landen! Doch obwohl diese laut Kreislaufwirtschaftsgesetz seit 2015 getrennt gesammelt werden müssen, bietet diesen Service ungefähr jede fünfte Kommune gar nicht, nicht flächendeckend oder nur über ein Bringsystem an, bei dem Bür-

ger ihre Abfälle bei einer zentralen Sammelstelle abliefern sollen. Im Jahr 2017 wurden unter anderem deshalb „nur" 4,9 Millionen Tonnen organischer Abfall gesammelt und verwertet – 59 Kilogramm pro Einwohner. Im Gegenzug landen geschätzt ca. 40 Prozent der Bio-Abfälle in der Restmüll-Tonne.

2. Informieren, was rein darf

Welche Abfälle in die Bio-Tonne gehören, hängt davon ab, ob diese nur zu Kompost oder auch zu Biogas werden sollen. In jedem Fall zählen dazu Obst-, Gemüse- und Nussschalen, Brot- und Käsereste (ohne Plastikrinde). Fleisch-, Wurst- und Fischreste sowie tierische Abfälle und Knochen dürfen in die Tonne, wenn die Kommune nichts anderes festgelegt hat.

Extra-Tipp: Was in die Bio-Tonne darf und was nicht, erfahren Sie auf der Website Ihres Entsorgers.

3. Fremdstoffe bleiben draußen

Biomüll zu sammeln und in die Tonne zu befördern ist nicht besonders appetitlich. Wer ihn jedoch in einer Plastiktüte entsorgt, erreicht lediglich, dass diese aussortiert wird oder Plastikfetzen in Kompost und Garten-

SO KONTERN SIE VORURTEILE GEGEN DIE BIOTONNE

„BRINGT ÖKOLOGISCH NICHTS" Falsch. Aus Bio-Abfällen lassen sich Energie und Erden für Landwirtschaft und Gartenbau erzeugen. Vor allem Phosphor und Stickstoff müssten Böden sonst über umweltschädliche mineralische Dünger zugeführt werden. Aus Kompost produzierte Erden ersetzen torfbasierte Produkte und tragen zum Schutz der Moore bei.

„STINKT UND LOCKT UNGEZIEFER AN" Nicht zwingend. Zum einen sollte das Sammelgefäß im Haushalt nicht zu groß sein, damit die Abfälle nicht tagelang vor sich hinfaulen. Zum anderen gehört die Bio-Tonne an einen möglichst schattigen Platz und sollte regelmäßig ausgespült werden. Das Besprühen des Deckels mit Essiglösung hält im Sommer Insekten fern. Ein spezieller Biofilterdeckel reduziert Schimmelbildung und Madenbefall.

„TREIBT DIE ABFALLGEBÜHREN IN DIE HÖHE" Abgesehen vom ökologischen Nutzen der Bio-Tonne reduziert sich durch sie die Menge an Restmüll um durchschnittlich 40 Prozent, sodass oftmals eine kleinere und günstigere Restmülltonne ausreicht. Im Zweifel erst Infos einholen, was das Gesamtpaket kostet. (Quelle: Naturschutzbund Deutschland e. V.)

---

erde landen. Auch das Glas mit der verschimmelten Marmelade und die Konservendose mit den gammeligen Pizzatomaten haben nichts in der Bio-Tonne zu suchen!

4. Stets ohne Verpackung

Apropos: Auch verdorbene Lebensmittel lassen sich über die Bio-Tonne entsorgen – ohne Verpackung. Diese zu entfernen ist nicht lustig, aber auch kein Hexenwerk. Sie bringen es trotzdem nicht über sich oder sind allergisch gegen Schimmelsporen? Öffnen Sie die Verpackung im Freien. Notfalls werfen Sie sie samt Inhalt in den Restmüll!

5. Selbst kompostieren

Wer auf seinem Grundstück organische Abfälle kompostiert und den so produzierten Kompost auch verwendet, ist nicht verpflichtet, eine Bio-Tonne zu nutzen – muss seinen Entsorger jedoch darüber informieren. Um eine Überdüngung des Bodens zu vermeiden, sollte pro Haushaltsmitglied eine Fläche von 50 Quadratmetern zur Verfügung stehen. Bei unter 25 Quadratmetern pro Person geht zum Beispiel die Berliner Stadtreinigung (BSR) nicht mehr von einer sachgerechten Nutzung des Komposts aus und verweigert ihre Zustimmung.

WOHIN MIT DEN SACHEN...

... FÜR DIE ES KEINE TONNE GIBT? Das meiste werden Sie auf dem Recyclinghof los – in einigen Fällen existieren jedoch Speziallösungen wie die Rücknahmepflicht für Elektrogeräte.

CDs/DVDs und Blurays

Die Silberscheiben werden auf Wertstoffhöfen gesammelt. Sie bestehen aus Polykarbonat, einem hochwertigen Kunststoff. Zu Granulat verarbeitet können aus ihm unter anderem Brillengläser, Handygehäuse und Schutzhelme entstehen.

Smartphones und Handys

Alte Handys lassen Sie am besten einem speziellen Entsorger zukommen. Auf handysammelcenter.de, einem Projekt von Telekom und Nabu, können Sie eine Sammelbox für den Versand bestellen.

Leuchtmittel

Alte Glühbirnen und Halogenlampen können Sie in den Restmüll
werfen, LED- und Kompaktleucht-
stofflampen sowie Leuchtstoff-
röhren bringen Sie zum Wertstoffhof. Unter lightcycle.de finden
Sie Händler-Sammelstellen
in Ihrer Nähe.

Haushaltsgeräte

Wer im Elektronik- oder
Baumarkt ein Elektrogerät
kauft, kann ein gleich-
artiges altes kostenlos zu-
rückgeben. Wird das neue
Gerät geliefert, nehmen
die Lieferanten das alte
gleich mit. Ansonsten
gehören Altgeräte auf
den Wertstoffhof.

Batterien und Akkus

Leere Batterien geben Sie
in einem Super- oder Drogeriemarkt in der dafür vorgesehenen
Sammelbox oder auf dem
Wertstoffhof ab.

VLIES?

MASSENHAFTER GEBRAUCH VON reißfesten Tüchern aus Baumwollvlies verschlingt nicht nur Ressourcen, sondern verstopft auch die Klärwerke.

Ob für die eigenen Hände, Babys Po-po, zum Abschminken oder Reinigen der WC-Brille – **FEUCHTTÜCHER** sind bequem, jedoch ressourcenintensiv herzustellen und meist nicht recycelbar.

Für perfekte Sauberkeit und ein angenehmes Hautgefühl soll feuchtes **TOILETTENPAPIER** sorgen. Experten zufolge kann jedoch ihr Alkohol die Haut angreifen, die Duftstoffe können Kontaktallergien auslösen.

FEUCHTE HYGIENETÜCHER gelten als Nonplusultra bei der Körper- und Babypflege: Rauszupfen, wegwischen, wegschmeißen. Doch nicht genug damit, dass die reißfesten Tücher jede Menge potenziell gesundheitsschädliche Substanzen enthalten: Werden sie durch die Toilette gespült, verstopfen sie Abflussrohre und legen – zu langen Strängen verfilzt – Abwasserpumpen lahm. Das führt jedes Jahr zu Millionenschäden. Entsorgen Sie Feuchttücher deshalb über den Restmüll und ersetzen Sie sie möglichst durch Tücher aus Recyclingpapier.

FROTTEE!

SIE SIND WASCHBAR und lassen sich oft über viele Jahre verwenden. Die „grünsten" Waschlappen sind jene mit einem Vorleben als Handtuch.

Frotteewasch-lappen werden hart, wenn sie ohne Wind in der prallen Sonne trocknen. Statt sie jedoch in den Trock-ner zu stecken, hat kurzes **DURCHKNETEN** mit den Händen nahezu den-selben Effekt.

Sie wollen Feucht-tücher und Wattepads aus Ihrem Badezimmer ver-bannen? Im Handel finden Sie **WASCHBARE TÜCHER** in al-len Größen. Profis nähen sie sich selbst aus alten Handtüchern.

TEXTILIEN AUS BAUMWOLLE schleppen ökolo-gisch betrachtet einen gigantischen Rucksack durch ihr Leben: Der Anbau des Rohstoffs Baumwolle verschlingt Unmengen an Dünger, Wasser und Pestiziden. Deshalb lohnt es sich, ältere, aber noch saugfähige Frottee-Hand-tücher nicht wegzuwerfen. Funktionieren Sie sie um! Als Waschlappen sind sie meist noch gut für die tägliche Wäsche zu Hause geeignet. Außerdem ersparen Sie auf diese Weise Ihrer Haut – oder der Ihres Babys – die Feuchttüchern zugesetzten Konservierungsstoffe.

KURZZEITDUSCHE?

WER LÄNGER ALS ZEHN MINUTEN DUSCHT, verbraucht mehr Warmwasser als beim Baden. Das kostet unterm Strich jede Menge Energie.

Wer 300-mal im Jahr mit je **150 LITERN** Wasser duscht – also jeweils rund zehn Minuten –, emittiert 601 (Warmwasserbereitung mit Gastherme) bzw. 1298 Kilogramm (Strom) CO_2.

Wie viel Wasser durch Ihren Duschkopf fließt, ermitteln Sie, indem Sie ein Litergefäß mit Wasser füllen und die Zeit stoppen. Die **DURCHFLUSSMENGE** für 60 Sekunden erreichen Sie dann über den Dreisatz.

DURCH EINE DUSCHBRAUSE fließen pro Minute 12 bis 15 Liter Wasser. Macht in zehn Minuten 120 bis 150 Liter und bis 1050 Liter in der Woche. Wobei zehn Minuten noch nicht unter „Dusch-Exzess" fallen. Otto Normalduscher steht 11 Minuten unterm Strahl – und damit im europäischen Schnitt immer noch kurz. Erster Schritt, um Wasser und damit vor allem Energie zu sparen – stellen Sie die Dusche während des Einseifens ab. Beim Gedanken daran laufen Ihnen kalte Schauer über den Rücken? Tipp: Rechte Seite lesen und wohlig erschauern.

SPARBRAUSE!

REDUZIEREN SIE DIE WASSERMENGE, die durch den Duschkopf rinnt – und freuen Sie sich auf die Energieabrechnung.

Auch wassersparende **ARMATUREN** für Dusche und Waschbecken reduzieren den Durchfluss. Alte Durchlauferhitzer und drucklose Speicher haben damit aber eventuell Probleme und liefern nur kaltes Wasser.

Bei 6 Litern Durchfluss pro Minute, 0,26 Euro pro Kilowattstunde Strom und 1,61 Euro pro 1000 Liter Wasser kosten **ZEHN MINUTEN DUSCHEN** rund 0,50 Euro.

SPASS MACHT KLIMASCHUTZ, wenn er Geld bringt. Fürs Duschen heißt das: warmes Wasser einsparen. Wer nicht kürzer oder kalt duschen will, nutzt dazu eine Sparbrause. Sie begrenzt den Durchfluss auf 6 bis 9 Liter pro Minute. Gute Modelle reichern den Wasserstrahl so mit Luft an, dass kein Unterschied zu spüren ist. Laut Duschrechner der Verbraucherzentrale NRW sparen zwei Personen, die jeden Tag mit jeweils 60 statt 120 Litern bei 38 Grad duschen, pro Jahr 378 Euro für Wasser, Abwasser und Energie – halbierte Emissionen inklusive.

Sauber das Wasser wärmen
In vielen Häusern wird Warmwasser zentral im Heizungskeller bereitet. Das ermöglicht
den Einsatz erneuerbarer Energien,
etwa über Solarwärme, eine
Wärmepumpe sowie das
Verbrennen von Holzpellets.

WARMWASSER: EINE FRAGE DES SYSTEMS

Damit warmes Wasser aus dem Hahn läuft, muss kaltes auf zirka 60 Grad erwärmt werden. Stammt die dazu nötige Energie aus fossilen Quellen, hat sie die entsprechenden Emissionen im Gepäck. Im Haushalt entfallen auf Warmwasser durchschnittlich 14 Prozent der Energiekosten. Elektrisches Aufheizen beansprucht deutlich über 20 Prozent. Ist ein System einmal installiert, müssen Eigentümer und Mieter meist damit leben. Wer die Wahl hat, findet effiziente und ökologische Alternativen.

Strom-Durchlauferhitzer

Ein elektrischer Durchlauferhitzer rechnet sich nur dann, wenn er nicht permanent im Einsatz ist, etwa im Gartenhäuschen oder der Ferienwohnung. Wegen des Energieverbrauchs sind Strom-Durchlauferhitzer zudem alles andere als umweltfreundlich. Ein Systemvergleich der Stiftung Warentest ergab: Der Austausch eines hydraulischen durch ein elektronisches Gerät lohnt sich bereits nach knapp drei, der Umstieg auf eine Gastherme nach zwei bis fünf Jahren. Wer Spararmaturen nutzt, erhöht den Komfort und spart Wasser und Strom.

Boiler

Boiler Kleinspeicher mit 5 bis 15 Litern Volumen werden über oder unter einer Zapfstelle installiert. Wand- und Tischspeicher fassen 30 bis 150 Liter, haben aber ebenfalls eine schlechte Bilanz, da sie das Wasser permanent erwärmen.

Gastherme

Gastherme Mit einem gasbetriebenen Durchlauferhitzer lassen sich in 20 Jahren bis zu 10 000 Euro sparen – sei es als Einzelgerät oder als Teil einer Kombitherme, die auch die Heizung mit Warmwasser versorgt. Gasthermen arbeiten deutlich umweltfreundlicher als mit dem heutigen Strommix betriebene Modelle. Unsere Musterfamilie hätte damit während einer Nutzungsdauer von 20 Jahren nur etwa halb so viele Treibhausgasemissionen verursacht. In die Bilanz flossen Herstellung und Entsorgung der Therme sowie die Energie für den Betrieb ein.

Solarthermie

Solarthermie Am besten für Geldbeutel und Umwelt ist es meist, Wasser mit Solarenergie zu erwärmen – etwa über eine Gasheizung mit Solarspeicher und thermischer Solaranlage. Diese spart über 20 Jahre gegenüber einer Gastherme 6,6 Tonnen CO_2, gegenüber einem Strom-Durchlauferhitzer ca. 23,6 Tonnen. Solarthermie lässt sich auch mit einem vollelektronischen Durchlauferhitzer kombinieren. Dieser benötigt dann weniger Strom, weil das Wasser vorgewärmt ist.

FLÜSSIGSEIFE?

DIE ANGST VOR KEIMEN machte sie vor Jahren hoffähig. Mittlerweile ist klar, dass uns Flüssigseife vor allem eines beschert: jede Menge Müll.

Da Flüssigseife aus **SYNTHETISCHEN SUBSTANZEN** („Syndets") und nicht aus verseiften Fetten besteht, vertragen viele hautempfindliche Menschen sie besser.

Wer Flüssigseife nutzt, neigt unwillkürlich zur **VERSCHWENDUNG**: Bereits ein Druck auf den Spender liefert meist mehr Seife, als man braucht. Viele Menschen drücken jedoch „automatisch" mehrmals.

ES WAR DAS ANGEBLICHE PLUS an Hygiene, das der Flüssigseife zum Durchbruch verhalf. Leider handelte es sich vor allem um Marketinggedöns. Zwar können sich auf einem Stück Seife mehr Mikroben tummeln als in einem Seifenspender – doch schon 1988 zeigten Forscher, dass die Hände von Probanden nach dem Händewaschen keine erhöhte Konzentration an Krankheitskeimen aufwiesen. Fakt ist aber: Kunststoffspender – auch die als umweltfreundlich angepriesenen Nachfüllpackungen – sorgen für jede Menge Verpackungsmüll.

SEIFENSTÜCK!

OB LAVENDEL, ROSE ODER ORANGENBLÜTEN – probieren Sie sich einfach durch, bis Sie den richtigen Duft für sich gefunden haben.

Wer dafür sorgt, dass Seife nach dem Gebrauch **TROCKNEN** kann, und auch die Seifenschale regelmäßig reinigt, braucht keinerlei hygienische Bedenken zu haben.

Seife besitzt einen „eingebauten" **DOSIERER**: Unwillkürlich lassen wir sie nur so lange durch unsere Hände flutschen, bis wir ausreichend viel davon haben.

ÜBER JAHRHUNDERTE GEHÖRTE Seife zur festen Ausstattung im Bad. Die Angst vor Krankheitskeimen und das wachsende Angebot an Einwegspendern ließen irgendwann immer mehr Menschen zu Flüssigseife greifen. Echte Seife bekam man höchstens noch als Urlaubsmitbringsel aus der Provence. In Zeiten des Klimawandels ist die gute alte Seife nun reif fürs Comeback: Sie reinigt so gut wie Flüssigseife, verursacht – aufgrund einfacher Herstellung und kompakter Form – nur wenige Emissionen und kommt im Idealfall ohne Verpackung aus!

KÖRPERPFLEGE: WAS ZÄHLT, SIND WASSER UND ENERGIE

Wenn Sie sich in Ihrem Badezimmer so umschauen, fallen Ihnen wahrscheinlich jede Menge Tuben, Töpfchen, Fläschchen und Tiegel ins Auge. Sind sie leer, kaufen Sie neue. Auch Zahnbürsten halten nicht lange, Damenrasierer, Abschminkpads, Wattestäbchen und Hygienetücher sind sogar Einwegprodukte. Das Ergebnis ist eine beachtliche Menge Müll. Andererseits: Sind das nicht Dinge, zu denen es beim besten Willen keine Alternativen gibt?

TIPP 1: Produkte aufbrauchen

Da hilft kein Quetschen und kein Schütteln – viele Flaschen, Dosen und Tuben lassen sich nicht komplett entleeren. Im Schnitt landen 10 Prozent des Inhalts im Müll. In weggeworfenen Tuben – etwa von Zahnpasta, Haargel und Handcreme – steckt oft sogar noch mehr drin. Lösung: Fast leere Shampoo- und Duschgel-Flaschen auf dem Deckel stehend lagern und den allerletzten Rest mit Wasser auflösen. Kurz schütteln, fertig! Tuben entleert man, indem man sie fest aufrollt oder aufschneidet. Nur Pumpsprays, etwa Rasierschaum, zerstört man besser nicht, da sie unter Druck stehen.

TIPP 2: Sparsam dosieren

Ob Shampoo oder Rasiercreme, Schaumbad oder Makeup-Entferner – weil zu wenig nicht richtig wirkt, verwenden wir von vielen Produkten zu große Mengen. Folge: Die Gesichtscreme zieht nicht richtig ein, den Rasierschaum spülen wir durch den Abfluss – und müssen sehr bald neuen kaufen.

Extra-Tipp: Eine Ausnahme bildet Sonnenschutz. Hier gilt tatsächlich das Motto: Viel hilft viel. So braucht eine 1,80 Meter große Person rund 40 Milliliter – also drei Esslöffel – für ein Ganzkörpersonnenbad.

TIPP 3: Wasser und Energie sparen

Seife gibt es nicht nur für den Körper, sondern auch für die Haare. Ihre Herstellung erfordert weniger Energie, zudem belastet sie das Abwasser weniger und spart Plastik bei der Verpackung. Dasselbe gilt für feste Shampoos, die keine Seife enthalten. Unser Test vom Juli 2020 ergab, dass feste Produkte eine besser Ökobilanz aufweisen. Bezieht man jedoch das Haarewaschen ein, das über 95 Prozent der Bilanz ausmacht, ist der Umweltvorteil nur gering. Oberstes Gebot: Sparen Sie Wasser und Energie! Ergo: Wasser nicht zu heiß einstellen, beim

NATURKOSMETIK – SICHER NUR MIT SIEGEL

DER BEGRIFF NATURKOSMETIK ist nicht gesetzlich geschützt. Klar ist: Produkte sollen vor allem aus natürlichen Zutaten bestehen – also mineralischen, pflanzlichen und tierischen Stoffen: Ölen, Fetten und Wachsen, Kräuterextrakten, Blütenwässern und natürliche Aromen. Diese müssen nicht vollständig aus kontrolliert biologischem Anbau oder zertifizierter Wildsammlung stammen.

ORIENTIERUNG BIETEN SIEGEL wie NaTrue, BDIH und Ecocert. Sie verbieten synthetische Farb- und Duftstoffe sowie Substanzen wie Silikon und aus Mineralöl gewonnenes Paraffin. Konservierungsstoffe aus dem Labor sind erlaubt, solange sie „naturidentisch" sind.

IN ZERTIFIZIERTER NATURKOSMETIK sind unter anderem erdölbasierte Stoffe, Silikone und PEG (Polyethylenglykol) verboten, die sonst als Emulgatoren oder Schaumbildner vorkommen. Dasselbe gilt für Mikroplastik und zahlreiche Konservierungsstoffe. In Sonnenschutzmitteln sind nur mineralische UV-Filter erlaubt – Nanopartikel dagegen verboten. Zudem gelten strengere als die gesetzlichen Verbote für Tierversuche – und zumindest ein Teil der Zutaten muss „bio" sein.

Shampoonieren den Hahn zudrehen und Shampoo zügig ausspülen!

Extra-Tipp: Trockenshampoos ersparen das Haarewaschen mit warmem Wasser. Unser Test 2019 ergab: Einige Produkte können von ihrer Wirkung her tatsächlich mit anderen Shampoos mithalten – sollten allerdings nur ab und zu verwendet werden.

TIPP 4: Unnützen Müll vermeiden

Fünf kleine Shampooflaschen verursachen mehr Müll als eine große. Sich jedes Mal einen neuen Spender für die Handseife zu kaufen, statt auf Nachfüllpacks zu setzen, ebenfalls. Auf überflüssige Verpackungen zu verzichten reduziert den Müll und hilft, die Natur zu schützen.

TIPP 5: Alternativen checken

Auch zu Zahnpasta gibt es eine nachhaltige Alternative: Zahnpflege-Tabs. Man kaut sie, bis sie cremig werden, und putzt dann ganz normal. Zweifel hatten unsere Tester lediglich daran, ob man so genügend Fluorid aufnimmt. Weitere grüne Optionen: Wattestäbchen mit Bambusstiel, waschbare Abschminkpads und feste Deo-Sticks.

Extra-Tipp: Alles Streben nach Nachhaltigkeit ist umsonst, wenn beim Zähneputzen das Wasser läuft!

PI MAL DAUMEN?

VIEL HILFT VIEL – das gilt nicht beim Wäschewaschen.
Doch wer macht sich schon die Mühe, Gel oder Pulver richtig zu dosieren?

Bequem, aber nicht fein genug zu dosieren sind **GELKISSEN** mit Voll- und Colorwaschmittel. In unseren Tests fielen die relativ teuren Caps und Pods zudem mit geringerer Waschkraft auf.

Achtung! Zu wenig Waschmittel ist auch nicht gut. **UNTERDOSIEREN** kann dazu führen, dass der im Wasser gelöste Kalk Kleidung und Maschine schadet.

WASCHMITTEL REIN UND LOS – kaum jemand liest vor dem Wäschewaschen die Dosieranleitung. Eine Schaufel oder eine Kappe voll – wird schon stimmen. Stimmt aber meist nicht! Auf diese Weise landet unterm Strich zu viel Waschmittel in der Maschine – das hat Folgen.

Regelmäßig zu viel Waschmittel zu verwenden kostet zum einen mehr Geld. Außerdem kann es auf Dauer Schäden an der Maschine verursachen und hinterlässt unschöne Spuren auf der Wäsche. Schließlich belastet massenhaft überdosiertes Waschmittel Klärwerke und Gewässer unnötig mit Chemikalien.

MIT MASS!

WASCHMITTEL SIND AUFWENDIG herzustellen und belasten am Ende das Abwasser. Wer weniger verbraucht, betreibt aktiven Umweltschutz.

Je härter das Wasser, desto mehr Waschmittel – und damit Entkalker – ist erforderlich. Die **WASSERHÄRTE** erfahren Sie von Ihrem Versorger. Sie wird in „Grad deutscher Härte" (°dH) gemessen.

Viele Hersteller bieten auf Anfrage kostenlos wiederverwendbare **DOSIERHILFEN** wie Messbecher und Dosierkugeln an.

BEIM EXAKTEN DOSIEREN kommt es neben der Wasserhärte auf den Verschmutzungsgrad der Wäsche an. Leicht verschmutzt ist Wäsche, die nur einen Tag oder beim Sport getragen wurde, stark verschmutzt sind Teile, die deutlich sichtbare Flecken aufweisen oder stark riechen.

Die Mengenangaben sind meist auf eine Füllmenge von 4,5 oder 5 Kilogramm ausgelegt – oft finden sich zusätzliche Hinweise für größere Trommeln oder halbe Beladung. Aufpassen: Bei Feinwaschmitteln beziehen sich die Angaben auf eine geringere Wäschemenge, meist 2 bis 3 Kilogramm.

WÄSCHEWASCHEN AUF DIE SPARSAME ART

Waschmaschinen werden immer größer. Fassten sie 1970 im Schnitt lediglich 4,5 Kilogramm Wäsche, sind es heute bereits 7 Kilogramm. Erstaunlich, wenn man bedenkt, dass der Anteil der Single-Haushalte bei über 40 Prozent liegt. Warum das eine Rolle spielt? Weil es für viele Menschen schwierig sein dürfte, ihre Trommel voll zu beladen – Voraussetzung für effizientes Waschen. Mit nur 2 Kilogramm Füllung verbraucht eine Maschine pro Kilogramm Wäsche deutlich mehr Wasser und Strom!

TIPP 1: Trommel richtig füllen

„Voll" bedeutet nicht „übervoll". Lässt sich nur noch mit Druck weitere Wäsche in die Trommel pressen, besteht die Gefahr, dass sie anschließend zu wenig bewegt und nicht sauber wird. Bei normalen Waschgängen sollte zwischen Wäsche und Trommelrand eine hochgestellte, gespreizte Hand passen. Bei Fein- und Wollwäsche sollte die Trommel nur halb voll sein.

TIPP 2: Eco-Programme nutzen

Dass Kurzprogramme nicht nur Zeit sparen, sondern auch deutlich mehr Strom benötigen, überrascht immer noch viele. Der Grund ist ganz einfach: Um schneller fertig zu werden, muss die Maschine die Lauge deutlich stärker aufheizen. Eco-Programme waschen zwar bis zu vier Stunden, ziehen aber signifikant weniger Strom.

Extra-Tipp: In unseren Tests von Waschmaschinen stellen wir immer wieder fest, dass manche Maschinen die Lauge im 60-Grad-Eco-Modus nicht einmal auf 40 Grad aufheizen. Das reicht, um fast sämtliche Bakterien zu eliminieren – nicht aber Pilzsporen. Wäsche von Menschen, die unter Pilzerkrankungen oder Durchfall leiden, waschen sie besser im Normalprogramm. Weitere Infos: test.de/waschmaschinen.

TIPP 3: Nicht zu heiß waschen

Waschen bei geringer Temperatur braucht weniger Strom und spart deshalb CO_2. Auch für Normalprogramme gilt daher: Waschen Sie nur so heiß wie nötig. Moderne Waschmittel werden schon bei 30 Grad mit dem Schmutz fertig, weiße Wäsche lässt sich bei 40 Grad waschen. Einmal im Monat sollten Sie jedoch 60 Grad wählen, um das Keimwachstum zu stoppen.

Extra-Tipp: Wohnen Menschen mit geschwächter Immunabwehr oder ansteckenden Krankheiten im Haushalt, ist es sinnvoll, die Waschtemperatur zu erhöhen.

DAMIT IHRE WASCHMASCHINE LANGE LEBT ...

IM VERGLEICH ZU einer Waschmaschine aus dem Jahr 1995 spart ein Modell von 2015 bei einer 60-Grad-Wäsche rund ein Viertel der Betriebskosten ein. Dennoch lohnt es sich der Umwelt zuliebe, ältere Modelle reparieren zu lassen. Grund: Die Herstellung einer neuen Waschmaschine verbraucht viele Ressourcen, vor allem für die Elektronik.

STREIKT DIE MASCHINE, sollten Nutzer erst einmal selbst den Fehler suchen. Fließt zum Beispiel das Wasser nicht ab, ist eventuell nur das Flusensieb verstopft. Wo dieses sich befindet und wie es gereinigt wird, steht in der Gebrauchsanleitung der Maschine. Bei einfachen Defekten helfen oft auch Internetportale wie kunnig-elektro.de und waschmaschinendoktor.de. An die Elektrik sollte sich jedoch nur ein Fachmann wagen.

WICHTIGE ERSATZTEILE wie Heizstäbe, Pumpen und Platinen halten die meisten Anbieter nach eigener Auskunft über mindestens zehn Jahre vor. Die Preise dafür unterscheiden sich allerdings je nach Hersteller beträchtlich. Deutlich günstiger sind viele Ersatzteile über Drittanbieter wie ersatzteile-direct.com und ersatzteilvertrieb.de.

TIPP 4: Wäsche richtig sortieren

Feine und empfindliche sowie bunte und weiße Wäsche sollten Sie getrennt waschen. Das trägt entscheidend dazu bei, dass Sie Ihre Sachen möglichst lange tragen können. Würde etwa Buntwäsche wiederholt mit Vollwaschmittel gewaschen, würde das darin enthaltene Bleichmittel den Farben bald den Garaus machen. Auch Seide und Wolle stellen eigene Anforderungen an Wassermenge, Waschzeit und Schleuderdrehzahl. Manche Wäschestücke benötigen zudem spezielle Programme – etwa Oberhemden das Pflegeleicht-Programm.

Extra-Tipp: Sie sind sich nicht sicher, wie Sie welche Kleidung waschen sollen? Orientieren Sie sich am besten an den eingenähten Pflegekennzeichen.

TIPP 5: Waschen nur wenn nötig

Überdenken Sie auch Ihre Waschgewohnheiten. Nicht jedes Kleidungsstück muss nach einmaligem Tragen gewaschen werden. Damit es im Gegenzug nicht mehrmals in die Maschine muss, behandeln Sie Flecken mit Gallseife oder einem geeigneten Fleckenentferner vor. Und, last but not least: Generell auf die Vorwäsche zu verzichten spart Wasser, Strom und Geld.

NATUR?

GRAU STATT WEISS – Was aus der Natur kommt, ist synthetischen Produkten doch vorzuziehen, oder? Nicht, wenn es seinen Zweck nicht erfüllt.

Ökologisch sind Waschnüsse kein Fortschritt: Kleidung **VERGRAUT** und wird unnötig schnell ersetzt – und fehlende Wasserenthärter lassen Waschmaschinen schneller verkalken.

Weil sie weder Enzyme noch Tenside enthalten, scheitern Naturprodukte oft auch an alltäglichen **VERSCHMUTZUNGEN** wie Schoko-Dessert, Tee und Spinat.

SAUBER WASCHEN OHNE CHEMIE – das versprechen Anbieter von Waschnüssen und -kastanien. Wer sie nicht kennt – beide enthalten Saponine, die in Verbindung mit Wasser seifenähnliche Substanzen freisetzen. Wir ließen Walnussschalen und Rosskastaniengranulat 2019 gegen ein Flüssigwaschmittel antreten, wobei die Naturprodukte durchfielen. Schon nach sechs Wäschen waren die gewaschenen Stücke nicht mehr weiß, sondern sattgrau, denn die Nüsse schafften es nicht, die gelösten Schmutzpartikel von der Wäsche fernzuhalten.

CHEMIE!

OB WEISS ODER BUNT – Kleidung soll beim Waschen sauber werden.
Das schaffen herkömmliche Waschmittel immer noch am besten.

Hochkonzentrierte Waschpulver im kompakten **KUNSTSTOFFBEUTEL** schneiden in Sachen Verpackung und Transport pro Waschladung besser ab als Pulver aus schweren XL-Kartons.

Noch umweltschonender – wenn auch teurer – ist Waschen nach dem **BAUKASTENPRINZIP**: Dabei wird ein Basiswaschmittel je nach Bedarf mit Bleichmittel und Enthärter ergänzt.

DASS WASCHMITTEL durch die Bank perfekt wären, lässt sich nicht behaupten: In unseren Tests finden wir immer wieder Kandidaten, die den Schmutz eher verteilen als beseitigen oder die Fasern nicht genügend schonen. Doch ein Großteil der Voll- und Colorwaschmittel schneidet gut oder befriedigend ab. Übrigens: Erst vor Kurzem haben fast alle Anbieter ihre flüssigen Colorwaschmittel stärker konzentriert, um Verpackungsmüll und Transportkosten zu reduzieren – eine Waschladung benötigt jetzt statt 75 meist nur 50 bis 55 Milliliter Waschmittel.

WÄSCHESTÄNDER?

KLEIDER AN DER LUFT ZU TROCKNEN ist kostenlos und schont die Umwelt. Doch steht der Wäscheständer im Badezimmer, droht Schimmel.

> Das Trocknen im Freien funktioniert sogar bei **FROST**. Zunächst gefriert die Wäsche, bevor die gefrorene Flüssigkeit direkt in den gasförmigen Zustand wechselt.

> Wäsche trocknet umso schneller, je besser die umgebende **LUFT** sie erreichen kann. Hängen Sie deshalb vor allem größere Teile auf dem Wäscheständer locker und möglichst weit außen auf.

DER BESTE WÄSCHETROCKNER ist die Sonne. Wer jedoch weder Balkon noch Terrasse und auch keinen Trockenraum hat, hängt seine Wäsche schon mal im Badezimmer auf. Vorsicht: Dadurch steigen Luftfeuchtigkeit und Schimmelgefahr. Trocknet Wäsche im Wohnzimmer, kann das vor allem im Winter gut fürs Raumklima sein. Doch steigt die Feuchtigkeit zu sehr, ist häufiges Lüften angesagt. Ist es draußen kalt, muss anschließend die Heizung laufen. Der Energieaufwand macht sich im Geldbeutel ebenso wie in der Klimabilanz bemerkbar.

WÄSCHETROCKNER!

VOR ALLEM IM WINTER ist elektrisches Trocknen oft besser. Effizient und damit kostengünstig arbeiten viele Geräte mit Wärmepumpentechnik.

Besonders energieeffiziente Geräte der **KLASSE A+++** sind meist relativ teuer. Doch schon allein für die Umwelt lohnt sich der Aufpreis. Je länger Sie das Gerät nutzen, desto größer wird der finanzielle Vorteil durch die gesparte Energie.

Am wenigsten Energie benötigen Trockner für Wäsche mit geringer **RESTFEUCHTE**. Achten Sie deshalb darauf, dass sie gut geschleudert aus der Waschmaschine kommt.

BEIM TROCKNEN MIT WÄRMEPUMPE durchströmt aufgeheizte Luft die Wäsche und nimmt deren Feuchtigkeit auf. Feuchtigkeit und Wärme werden der Luft entzogen und ein Teil der Abwärme erneut für das Aufheizen genutzt. In unserem Test vom September 2019 schnitten 19 von 20 Trocknern mit einem Gut ab. Viele Trockner der aktuellen Generation arbeiten äußerst energiesparend. Zur Orientierung: Ein Vier-Personen-Haushalt, der pro Jahr 580 Kilogramm Wäsche trocknet, kommt dadurch auf Stromkosten von 22 bis 34 Euro im Jahr.

135

Bleichmittel, ade!
Wer weiße Wäsche aus Baumwolle oder Leinen zum Trocknen in die Sonne hängt, kann den natürlichen Bleicheffekt durch die UV-Strahlung nutzen. Dieser lässt zudem hartnäckige Flecken verblassen.

136

AN DIE LUFT MIT DER WÄSCHE!

Wind und Sonne trocknen Ihre Wäsche zum Nulltarif. Gönnen Sie ihr deshalb wann immer möglich ein Plätzchen im Freien – am besten im Schatten, damit die Sonne die Farben nicht ausbleicht. Bei Regen oder Schnee kann ein elektrischer Trockner als Ersatz dienen. Ob mit Luft oder Strom – Wäschetrocknen will gelernt sein.

1 **Wäsche ausschlagen** Bevor Sie Hemden, Shirts und Hosen auf Leine, Spinne oder Ständer hängen, schlagen Sie jedes Teil mit beiden Händen kräftig aus – das sorgt dafür, dass es nicht unnötig knittert.

2 **Abdrücke vermeiden** Damit späteres Bügeln nicht unnötig Energie kostet, sollten weder Leine noch Klammern Spuren auf der Wäsche hinterlassen.

Platzieren Sie Klammern deshalb auf Nähten. Damit sie nicht ausleiern, hängen Sie Shirts und Tops am Bund auf, jedoch ohne diesen seitlich zu spannen.

3 **In Form bringen** Hemden, Kleider und Jacken hängen Sie am besten auf einem Bügel mit runden Schulterteilen auf. So knittern sie weniger und lassen sich leichter bügeln.

4 **Versetzt hängen** Für eine bessere Luftzirkulation hängen Sie größere Stücke wie Handtücher und Oberteile versetzt auf. So trocknen sie schneller. Teile, die sehr weit nach unten hängen, platzieren Sie am besten auf den Flügeln des Wäscheständers. Achten Sie darauf, dass sich nichts überlappt!

5 **Genau abwägen** Der Kauf eines Wärmepumpentrockners will aus Umweltsicht gut überlegt sein, da dessen Herstellung Ressourcen und Energie verbraucht. Im Betrieb ist er jedoch sparsamer als ein reiner Kondenstrockner, da in der Wärmepumpe Luft entfeuchtet und mittels der entzogenen Energie erneut erwärmt wird. So nutzt er einen Teil der Abwärme fürs nächste Trocknen.

6 **Filter reinigen** Waschen Sie Flusen- und Wärmepumpensiebe möglichst nach jedem Trockenvorgang aus. Entfernen Sie anhaftende Flusen mit dem Staubsauger. Wer das vergisst, riskiert längere Trockenzeiten und einen höheren Energieverbrauch.

7 **Bitte beachten!** Viele Wärmepumpentrockner verwenden als Kältemittel das Treibhausgas Tetrafluorethan (R134a). Dieses sollte keinesfalls in die Umwelt gelangen! Weniger schädlich ist Propan. In jedem Fall sollte ein ausgedienter Trockner fachgerecht entsorgt werden!

BLÜTENPRACHT?

BIENEN HABEN'S SCHWER: Monokulturen, Pestizide und Parasiten bedrohen ihre Bestände. Viele Hobbygärtner verschärfen das Problem noch.

Auch wenn sie unge-trübte Freude an bunten Blü-ten versprechen – hochgiftige **PFLANZENSCHUTZMITTEL** fördern das Bienensterben auch im heimischen Garten.

WENN ES NUR DER HONIG WÄRE. Doch laut Umweltbundesamt hängen 85 Prozent der Er-träge im Pflanzen- und Obstbau von der Be-stäubung durch Bienen ab. Milben, Chemika-lien und der Verlust natürlicher Lebensräume lassen jedes Jahr Tausende Völker verschwin-den. Nicht, dass Hobbygärtner allein den Trend stoppen könnten, doch ein raspelkurz gemäh-ter Rasen, pestizidstrotzende Billigpflanzen so-wie exotische und züchterisch veränderte Pflan-zen mit gefüllten Blüten bieten Bienen weder Lebensraum noch Nahrung.

BIENENFREUNDLICH!

UM BIENEN GANZJÄHRIG: Nahrung anzubieten, können Sie Ihren Garten so bepflanzen, dass immer etwas blüht. Die Mischung macht's!

Heimische Pflanzen und Saatgut, im Idealfall aus **BIO-AUFZUCHT**, bekommt man in lokalen Gärtnereien, auf Wochenmärkten oder bei zertifizierten Online-Anbietern.

Wer keinen Garten besitzt, kann seinen **BALKON** statt mit Geranien & Co. mit bienenfreundlichen Arten wie Fächer- und Glockenblume, Wandelröschen oder Kapuzinerkresse verschönern.

WÄHREND HONIGBIENEN alle Blüten annehmen, sind Wildbienen auf bestimmte Pflanzen angewiesen. Diese im Detail zu kennen ist gar nicht nötig. Bienenfreunde achten auf eine große Vielfalt im Garten: Gehölze wie Schlehe, Weißdorn und Kirsche, Zwiebelgewächse wie Wildtulpen und Lauch, Wildstauden wie Taubnessel und Blutweiderich sowie Küchenkräuter wie Thymian, Salbei und Rosmarin. Tipp: Lassen Sie verblühte Stauden im Herbst stehen und schneiden Sie sie nicht zurück. Hier finden viele Insekten Unterschlupf für den Winter.

EIN REFUGIUM FÜR INSEKTEN

Insekten spielen eine wichtige Rolle im Garten – als Bestäuber von Pflanzen und Nahrung für Vögel und kleine Säugetiere. Die intensive Landwirtschaft – vor allem Monokulturen und der massenhafte Einsatz von Dünger und Pestiziden – sorgt dafür, dass die Bestände vieler Insektenarten seit Jahren schrumpfen. Neben Schmetterlingen, Fliegen und Käfern sind Bienen und Hummeln besonders betroffen.

Wer dafür sorgen will, dass Insekten Rückzugsorte und Nahrung finden, kann in seinem Garten über eine gezielte Auswahl an Pflanzen und ein paar gestaltende Elemente die Voraussetzungen schaffen.

Insektenhotel

Was bringt das? Bereits mit einfachen Mitteln lassen sich Brutplätze für Bienen, Hummeln, Schmetterlinge & Co. schaffen. Bündel aus hohlen (Bambus, Schilf etc.) und markhaltigen (Holunder, Rose, Himbeere etc.) Pflanzenstängeln dienen Insekten als Nisthilfe – ebenso Lochziegel, Rindenstücke und dickere Hartholzäste, in die man Löcher bohrt.

Extra-Tipp: Lassen Sie ein paar Ecken Ihres Gartens verwildern. Hier bleibt das Laub liegen und sprießen Brennnesseln, Disteln & Co. Bereits kleine, anspruchslose Pflanzen wie Klee sind für einige Insektenarten eine wichtige Nahrungsquelle. Auch Totholzstapel und abgestorbene Äste locken Insekten an.

Trockenmauer

Was bringt das? Eine Trockenmauer – entweder als Einfassung fürs Hochbeet, zum Abstützen eines Hangs oder frei stehend – sieht nicht nur reizvoll aus. In ihren Fugen finden Insekten wie Wildbienen und Hummeln Unterschlupf. Größere Hohlräume locken kleine Vögel sowie Kröten und Eidechsen an. Die Mauer wird ohne Mörtel aus Natursteinen, etwa aus Sand- oder Kalkstein, errichtet und lässt sich in Spalten und Ritzen sowie an Krone, Fuß und Seiten bepflanzen.

Extra-Tipp: Eine Anleitung zum Bau einer Trockenmauer stellt u. a. der Bund Naturschutz bereit. Klicken Sie dazu auf nabu.rlp-sued.de, dann auf „Natur im Garten" und „Bautechniken".

Hecke

Was bringt das? Eine Hecke aus heimischen Sträuchern bietet Vögeln und Insekten Unterschlupf und Nahrung. Je nach Licht- und Bodenverhältnissen eignen sich u. a. Schwarzer Holunder, Schlehe oder Gemeiner Schneeball. Auch in einer selbst angelegten Totholzhecke („Benjes-Hecke") entwickelt sich schon nach kurzer Zeit ein Eigenleben.

Extra-Tipp: Insekten benötigen Wasserstellen zur Flüssigkeitsaufnahme. Das muss nicht gleich ein Gartenteich sein, zumal dieser keine Fische beherbergen dürfte. Auch in großen und kleinen Gefäßen auf dem Balkon oder dem Fensterbrett kann man Insekten, Vögeln und Kleinsäugern Wasser anbieten.

Wildblumen

Was bringt das? Was nutzt der beste Brutplatz, wenn es kein ausreichendes Nahrungsangebot gibt? Dafür sorgen Wildblumen auf einem Beet oder einer Rabatte. Sie gedeihen am besten auf sandhaltigen, nährstoffarmen Böden, sind recht pflegeleicht, überstehen auch die Wintermonate und sind nicht sehr anfällig für Schädlinge. Für Insekten sind sie nicht nur eine wichtige Nahrungsquelle, sondern auch ein Rückzugsort zum Überwintern.

Extra-Tipp: Lassen Sie Solarleuchten im Garten nicht die ganze Nacht brennen, damit Insekten nicht bis zur Erschöpfung ums Licht kreisen oder sich in die Leuchte verirren. Nutzen Sie am besten eine Zeitschaltuhr.

Blühende Kräuter

Was bringt das? Küchenkräuter wie Borretsch, Salbei, Zitronenmelisse und Minze, aber auch Liebstöckel, Bergbohnenkraut und Oregano sorgen für ein breites Angebot an Nektar und Pollen – vorausgesetzt, man lässt sie zur Blüte kommen. Wildbienen und andere bestäubende Insekten nehmen dieses Angebot dann gern an. Das heißt zum Glück nicht, dass Kräuterliebhaber auf die würzige Ernte verzichten müssen – solange sie nur Seitentriebe ernten und die Haupttriebe blühen lassen.

Extra-Tipp: Nachhaltig gezogene Bienenkräuter finden Sie in der Gärtnerei oder auf dem Wochenmarkt – Sie können auch Samen kaufen und sie selbst aussäen.

NACHHALTIG GÄRTNERN: SO WIRD'S EIN GRÜNES HOBBY

Gärtnern gilt als eines der umweltfreundlichsten Hobbys: Man ist in der Natur und bringt Pflanzen zum Wachsen. Doch Töpfe und Werkzeug sowie Dünger und Erde sind oft alles andere als nachhaltig. Zum Glück gibt es Alternativen, die Hobbygärtnern helfen, Müll zu vermeiden, Ressourcen zu schonen und die Natur zu schützen.

TIPP 1: Torffreie Erde verwenden
Viele Blumen- und Gartenerden enthalten Torf aus Hochmooren. Sein Abbau zerstört empfindliche Ökosysteme, die bedrohte Tier- und Pflanzenarten beherbergen, und setzt große Mengen CO_2 frei. Kaufen Sie deshalb torffreie Erde oder wählen Sie grundsätzlich Bio-Erden.

TIPP 2: Regenwasser sammeln
Wer Regenwasser auffängt, muss keines aus der Leitung nehmen. Weiterer Vorteil: Regen hat einen eher sauren pH-Wert und ist damit besser für Pflanzen geeignet als das oft sehr kalkhaltige Leitungswasser.

Extra-Tipp: Um die Dachentwässerung in eine Regentonne zu leiten, wird ein Abzweig ins Fallrohr eingebaut und per Schlauch mit der Tonne verbunden.

TIPP 3: Schädlingen vorbeugen
Wer Blattläuse, Raupen und Schnecken partout nicht tolerieren will, hält sie am besten mit natürlichen Barrieren wie Netzen, Vliesen und speziellen Zäunen in Schach. Auch Aromen helfen oft. So suchen Nacktschnecken vor Thymian und Rosmarin das Weite, während Blattläuse Pflanzen mit ätherischen Ölen wie Lavendel, Kapuzinerkresse und Zwiebeln meiden. Nehmen Ameisen überhand, helfen mediterrane Kräuter und Wermut. Apropos Nützlinge: Gegen Blattlausbefall können Sie gezielt Marienkäfer und Florfliegen, gegen Raupen und Larven Schlupfwespen einsetzen.

Extra-Tipp: Weitere Infos finden Sie unter umwelt bundesamt.de/pflanzenschutz-im-garten-startseite.

TIPP 4: Düngen ohne Chemie
Nachhaltig zu düngen heißt, auf mineralische Dünger zu verzichten. Diese können Pflanzen und Tiere schädigen und das Grundwasser belasten. Verwenden Sie besser organischen Dünger, zum Beispiel vom eigenen Kompost. Darauf lassen sich Küchenreste und Gartenabfälle in hochwertigen Dünger verwandeln, der nicht nur die

GRILLKOHLE OFT AUS TROPISCHEN URWÄLDERN

NICHT GENUG, dass auf deutschen Grills meist Fleisch und Wurst aus nicht artgerechter Tierhaltung brutzeln – auch die Herkunft der Grillkohle ist häufig fragwürdig. Umweltverbände werfen Anbietern vor, dass ein Teil davon aus gerodeten Urwäldern stammt, vor allem aus Südamerika und Afrika.

IN UNSEREM TEST 2019 bestätigte sich dieser Vorwurf: In 5 von 17 Säcken versteckte sich Tropenholz. Auf der Verpackung fehlte in insgesamt neun Fällen jeglicher Hinweis auf Art und Herkunft des Holzes – auf sieben Säcken stand lediglich die Holzart. Nicht nur Kohle aus den Tropen stammt oft nicht aus nachhaltiger Produktion – auch für Ware „made in Europe", die meist aus der Ukraine kommt, werden Urwälder teils illegal abgeholzt.

UM HOLZKOHLE AUS RAUBBAU zu meiden, wählen Sie Produkte, auf denen Holzart und Herkunft angegeben sind. Heimische Hölzer allein sind noch kein Beweis für Nachhaltigkeit. Die Kohle sollte darüber hinaus das FSC-, Naturland- oder PEFC-Siegel tragen.

FAZIT: Die klimafreundlichere Alternative zum Grillen mit Holzkohle ist Grillen mit Gas.

Pflanzen mit Nährstoffen versorgt, sondern auch den Boden verbessert. Auch Pferdemist, Aschedünger, Eierschalen und sogar Kaffeesatz sind umweltfreundliche Hausmittel, die Ihre Pflanzen stärken.

TIPP 5: Unkraut natürlich stoppen
Nicht zu nachhaltigem Gärtnern passen chemische Unkrautvernichtungsmittel. Regelmäßiges Jäten sowie das Ausstechen tiefer Wurzeln schonen und belüften den Boden. Effektiv ist auch, Mulch unter Bäumen, Sträuchern und Rosen auszubringen. Ein dichter Pflanzenteppich, wie ihn Bodendecker bilden, verhindert ebenfalls das Aufkeimen von Unkraut.

TIPP 6: Kunststoff vermeiden
In vielen Gärten stapeln sich ausrangierte Pflanzgefäße aus Kunststoff. Umweltfreundlicher ist es, Jungpflanzen in abbaubaren Töpfen aus Pflanzenfasern zu ziehen oder sie in einer Pfandkiste nach Hause zu transportieren. Auch Werkzeuge und Möbel bestehen oft aus Kunststoff. Nachhaltiger sind Stühle und Tische aus heimischen Hölzern. Sollen es Kunststoffmöbel sein, wählen Sie Modelle aus recyceltem Material.

DOGGE?

OB HUND ODER KATZE – große Haustiere erhöhen die persönliche CO_2-Bilanz ihrer Halter teils beträchtlich.

Ein 30 Kilogramm schwerer Hund, der pro Tag 725 Gramm Feuchtfutter frisst, verursacht pro Jahr **950 KILOGRAMM CO_2**. Noch aufwendiger herzustellen ist Trockenfutter – aber dafür reicht Hunden eine Tagesration von im Schnitt 200 Gramm.

JE GRÖSSER DAS HAUSTIER, desto belastender für die Umwelt. So das Ergebnis einer Schweizer Studie von 2018. Emissionen verursacht vor allem die Produktion von Futter sowie Katzen- und Kleintierstreu. Auch Fahrten zum Tierarzt oder Strom fürs Aquarium flossen mit ein.

2828 Kilometern Fahrleistung mit dem Auto entsprechen laut Studie die CO_2-Emissionen eines 30 Kilogramm schweren Hundes im Jahr. Ein Pferd kommt auf 9168, eine Katze auf 1164 und 50 Zierfische auf 268 Kilometer. Umgerechnet auf die Emissionen beim Fliegen entspricht ein Jahr Hundehaltung einer Strecke von 3312 Kilometern.

DACKEL!

WAHRE LIEBE KENNT KEINE EMISSIONEN. Doch auch kleinere Hunde können ihre Halter glücklich machen.

Senken lassen sich die Emissionen u. a. durch den Verzicht auf das Füttern mit hochwertigem **FRISCHFLEISCH** (BARF-Methode) sowie Autofahrten zum Gassigehen.

Ein Dackel verursacht pro Jahr CO_2-Emissionen von rund **600 KILOGRAMM**, während für eine große Dogge geschätzt rund 1200 Kilogramm emittiert werden.

OBWOHL HAMSTER UND VÖGEL deutlich sparsamer sind, würde kein Hundeliebhaber auf seinen Vierbeiner verzichten. Immerhin geht man mit ihm täglich Gassi, tut dabei etwas für die Gesundheit und baut eine feste Beziehung auf. Dafür muss der Hund jedoch kein Riese sein.

Rund **9,4 Millionen** Hunde lebten 2019 in Haushalten hierzulande (Quelle: Zentralverband Zoologischer Fachbetriebe Deutschlands) – Tendenz steigend! Bei einer Durchschnittsemission von 950 Kilogramm CO_2 pro Jahr entspricht das insgesamt 8,9 Millionen Tonnen – rund 1,1 Prozent aller Treibhausgasemissionen in Deutschland.

Der Trend zu Single-Haushalten und immer größeren Wohnflächen führt dazu, dass immer mehr Energie verbraucht wird – und mehr Emissionen entstehen. Dem gegenüber stehen eine wachsende Zahl gedämmter Häuser, hocheffiziente Elektrogeräte und Menschen, die mit Energie bewusst umgehen. Doch nur wenn so viele Kilowattstunden wie möglich aus erneuerbaren Quellen stammen, wird sich unser Klima erholen.

WOHNEN
UND ENERGIE

STROM & WÄRME: GRÜNES LICHT FÜR ERNEUERBARE!

Mit 70 Prozent der Energie, die wir verbrauchen, heizen wir unsere Wohnung. 14 Prozent sind nötig, damit warmes Wasser aus dem Hahn fließt. Bleiben 16 Prozent, die als elektrischer Strom Beleuchtung und Hausgeräte antreiben. Dabei ist Energie nicht gleich Energie: Während das Verbrennen von Kohle und Gas und das Aufspalten von Uranerz Ressourcen verbrauchen, sind Wind, Sonne, Wasser, Biomasse und Erdwärme „erneuerbar". Ökologisches Handeln heißt daher nicht nur, möglichst wenig Energie zu verbrauchen, sondern sich auch darum zu kümmern, wo sie herkommt. Zum Beispiel vom eigenen Dach.

1. Ökostrom – aber echten!

Jeder Stromkunde fördert den Ausbau der Energiegewinnung aus Sonne, Wind und Wasser mit derzeit 6,76 Cent pro Kilowattstunde – auch wenn er keinen Ökostrom bezieht. So will es das Erneuerbare-Energien-Gesetz (EEG). Die EEG-Umlage ist ein Grund dafür, dass der Anteil erneuerbarer Energien am Strommix im ersten Quartal 2020 erstmals auf über 50 Prozent stieg – mit Wind als wichtigstem Energieträger!

Infolge der Corona-Krise sinkt die Umlage 2021 auf 6,5 Cent. Nicht nur deshalb setzen Sie am besten auf „echten" Ökostrom aus 100 Prozent erneuerbaren Energien. Wie das funktioniert, lesen Sie ab S. 160.

2. Runter mit dem Stromverbrauch

Und – wie viel Strom verbrauchen Sie so? Schauen Sie mal in Ihre letzte Abrechnung und vergleichen Sie den Wert mit der Grafik. Liegen Sie unter dem Schnitt? Glückwunsch! Liegen Sie darüber? Dann machen Sie sich auf die Suche nach Ursachen. Dabei helfen Ihnen unsere Tipps (S. 164/165).

3. Kritik am Energielabel

Wer sich ein neues Hausgerät kauft, orientiert sich in Sachen Energieverbrauch meist am EU-Label. Dieses verrät dank einer Farbskala von Dunkelgrün (= sehr gut) bis Rot (= schlecht), wie effizient ein Gerät ist. Dennoch übt die Stiftung Warentest seit Jahren Kritik. Warum? Ganz einfach: Die EU-Norm misst den Verbrauch leerer Kühlschränke, legt bei Waschmaschinen, Geschirrspülern und Backöfen die sparsamste Betriebsart zugrunde. Der tatsächliche Verbrauch liegt

Wie viel Strom verbrauchen Sie im Vergleich?

Gebäudetyp	Personen im Haushalt	Verbrauch in Kilowattstunden (kWh) pro Jahr gering ← → sehr hoch						
		A	B	C	D	E	F	G
Haus	👤	bis 1300	bis 1700	bis 2000	bis 2500	bis 3000	bis 4000	über 4000
	👤👤	bis 2000	bis 2500	bis 2800	bis 3100	bis 3600	bis 4400	über 4400
	👤👤👤	bis 2500	bis 3000	bis 3500	bis 3800	bis 4300	bis 5300	über 5300
	👤👤👤👤	bis 2900	bis 3500	bis 4000	bis 4300	bis 5000	bis 6000	über 6000
	👤👤👤👤👤+	bis 3500	bis 4100	bis 4800	bis 5500	bis 6300	bis 8000	über 8000
Wohnung	👤	bis 800	bis 1000	bis 1300	bis 1500	bis 1800	bis 2200	über 2200
	👤👤	bis 1300	bis 1600	bis 2000	bis 2400	bis 2600	bis 3000	über 3000
	👤👤👤	bis 1600	bis 2000	bis 2500	bis 2900	bis 3400	bis 4000	über 4000
	👤👤👤👤	bis 1900	bis 2300	bis 2800	bis 3200	bis 3900	bis 4500	über 4500
	👤👤👤👤👤+	bis 2000	bis 2700	bis 3300	bis 4000	bis 5000	bis 6000	über 6000

Quelle: Stromspiegel für Deutschland   Basis: Stromverbrauch für Deutschland 2019, Warmwasser ohne Strom

meist deutlich höher. Wie hoch genau, verraten unsere Tests – abrufbar auf test.de.

4. Wohnfläche sinnvoll begrenzen

Nicht nur Rinderzucht und Futteranbau, auch unser Lifestyle verbraucht gigantische Flächen. Laut Statistik wohnt jeder von uns auf 47 Quadratmetern – Tendenz steigend. Das führt zur Versiegelung weiterer Flächen – und erfordert in Summe unfassbar viel Energie. Sich ein kleineres Haus zu bauen oder im Alter in eine kleinere Wohnung zu ziehen ist kein sozialer Abstieg, sondern gelebter Umwelt- und Klimaschutz!

5. Aktiv gegen Energieverluste

Hauseigentümer können nicht nur selbst Strom erzeugen – sie können ihre vier Wände auch so richtig „energiesparsam" machen. Viele ältere Häuser sind unzureichend gedämmt. Ein modernes Wärmedämmverbundsystem für Dach und Fassade kostet zwar eine Menge Geld, spart aber so viel Heizenergie, dass es sich relativ zügig rechnet und der nächste Heizkessel deutlich kleiner ausfallen kann. Da das Klima enorm profitiert, lässt sich auch der Staat nicht lumpen und schießt ansehnliche Summen zu. Mehr dazu auf S. 157.

PER HAND?

HEIZENERGIE ZU SPAREN ist wichtig, aber das ständige Auf- und Zudrehen macht Mühe.

Wer etwa in Bad und Wohnzimmer herkömmliche Thermostate durch **PROGRAMMIERBARE** Modelle ersetzt, kann daran die zu jeder Uhrzeit im Raum gewünschte Temperatur einstellen.

Das nächtliche Absenken der Raumtemperaturen im ganzen Haus sollte aus Effizienzgründen zentral über die **HEIZUNGSANLAGE** gesteuert werden.

ÄLTERE HÄUSER sind meist schlecht gedämmt, vor allem in der kalten Jahreszeit dringt aus ihnen eine Menge Wärme nach außen. Deshalb lohnt es sich, die Temperatur nachts und in Abwesenheit abzusenken. Bei vier Grad weniger „schluckt" zum Beispiel eine 70-Quadratmeter-Wohnung im Mehrfamilienhaus rund 8 Prozent weniger Heizenergie. Doch das Auf- und Zudrehen sämtlicher Thermostate macht eine ganze Menge Arbeit – und nicht immer denkt man daran. Außerdem ist es erst einmal kalt, wenn man abends nach Hause kommt.

PER HANDY!

SMARTE THERMOSTATE lassen sich von unterwegs per App einstellen – und wenn man nach Hause kommt, ist es schön warm.

Werden Fenster zum **LÜFTEN** geöffnet, sollten möglichst alle Thermostate im Raum die Temperatur herunter- und anschließend wieder hochregeln. Viele benötigen dazu Fensterkontakte.

Thermostate wechseln können auch Laien: einfach den alten ab- und den neuen anschrauben. Aufwendiger sind das **VERNETZEN** smarter Regler mit der Zentrale und das Einrichten der App.

EXTRA-TIPP:
Einen aktuellen Test smarter Heizkörperthermostate finden Sie gegen ein geringes Entgelt auf test.de.

BEI IHNEN VERLÄUFT kaum ein Tag wie der andere? Sie wissen oft morgens nicht, wann Sie abends heimkommen? Dann wäre es hilfreich, wenn Sie die Temperatur von unterwegs regeln könnten. Möglich machen das smarte Thermostate (ab ca. 40 Euro/Stück), die sich mit Tablet oder Smartphone von überall steuern lassen. Damit nicht genug: Über eine Box, die als Zentrale fungiert (ab ca. 50 Euro), können die Regler untereinander kommunizieren. Viele Zentralen lassen sich auch mit Rauchmeldern, Lichtschaltern und Alarmanlagen vernetzen.

ENERGIE SPAREN BEIM HEIZEN UND LÜFTEN

In einem Durchschnittshaushalt dienen zwei Drittel der verbrauchten Energie dem Heizen der Wohnräume. Das hat jede Menge CO_2 auf dem persönlichen Klimakonto zur Folge. Wer sparsam heizt und sinnvoll lüftet, entlastet seine Bilanz und nutzt die Wärme optimal. Das ist nicht nur für Umwelt und Geldbeutel gut – es trägt auch zu einem gesunden Wohnklima bei und beugt Schimmelbefall vor.

1 **Räume nicht überheizen** Faustregel: Mit jedem Grad, um das Sie die Temperatur senken, können Sie bis zu 6 Prozent Heizkosten sparen. Heizen Sie nicht alle Räume auf dieselbe hohe Temperatur. Türen schließen ist angesagt. Der wärmste Raum sollte das Bad mit etwa 22 Grad sein.

Im Wohn- und Esszimmer sind 20 Grad optimal, in der Küche 18, in Flur und Schlafzimmer reichen 16 Grad. Aufpassen: Kälter als 15 Grad sollte es bei niedrigen Außentemperaturen nicht werden, weil sonst Luftfeuchte an den Wänden kondensiert und die Schimmelgefahr steigt.

2 **Regelmäßig heizen** Schalten Sie die Heizung nie ganz aus, wenn Sie das Haus verlassen. Vor allem ungedämmte Häuser kühlen schnell aus. Zum Aufheizen kalter Zimmer benötigen Sie viel Energie.

3 **Hindernisse beseitigen** Heizkörper müssen die Wärme frei an die Raumluft abgeben können. Entfernen Sie Möbel, Vorhänge und schwere Gardinen vor den Heizkörpern und über den Ventilen.

4 **Wärme „einschließen"** Rollläden und Vorhänge sollten Sie über Nacht schließen, damit weniger

Wärme über die Fensterflächen verloren geht. An Rollladenkästen lohnt sich eine zusätzliche Wärmedämmung.

5 **Fenster abdichten** Bis zu 20 Prozent der Heizenergie gehen verloren, wenn die Wärme durch undichte Fenster oder Türen nach draußen entweichen kann. Profildichtungsband, das es in jedem Baumarkt in unterschiedlichen Ausführungen gibt, löst das Problem.

6 **Verluste begrenzen** Die Außenwände vieler Altbauten sind nicht ausreichend gedämmt. Durch die Abstrahlung der Heizkörper nach hinten geht viel Wärme verloren. Alubeschichtete Styroporplatten aus dem Baumarkt lassen sich mit Styroporkleber wie Tapete auf die Wand kleben. Um so bis zu 5 Prozent Heizenergie zu sparen, muss man kein begabter Heimwerker sein.

7 **Luft mehrmals täglich austauschen** Richtiges Lüften ist genauso wichtig wie richtiges Heizen, denn in Wohnräumen entsteht permanent Feuchtigkeit. Sie muss nach draußen, soll sie sich nicht an kalten Wänden niederschlagen und Schimmel als Nährboden dienen. Zwischen zwei- und viermal täglich Lüften gelten als optimal.

8 **Durchzug statt Kipp** Fenster sowie Balkon- oder Terrassentüren stundenlang angekippt zu lassen verschwendet Energie. Außerdem kann dadurch im Winter Luft am Fenstersturz kondensieren. Öffnen Sie Fenster stattdessen für jeweils fünf bis zehn Minuten und stellen Sie einen Durchzug mit einem gegenüberliegenden Fenster her („Querlüftung"). In Wohnhäusern mit mehreren Stockwerken ist auch „vertikales Lüften" sehr effektiv (siehe S. 167). Ein Hygrometer (Preis: ab ca. 10 Euro) verrät Ihnen,

wann die angestrebte Luftfeuchtigkeit von 40 bis 60 Prozent erreicht ist.

9 **Indirekt lüften** Ein Bad ohne Fenster lüften Sie über einen angrenzenden Raum. Der eingebaute Lüfter ist oft zu schwach. Öffnen Sie die Badtür und das Fenster im Nebenraum. Alle anderen Türen bleiben während des Lüftens geschlossen. Ein Bad mit Fenster lüften Sie bei geschlossener Tür separat.

10 **Fenster auf, Türen zu** Für Feuchtigkeit in der Wohnung sorgen nicht nur Kochen und Duschen, sondern auch Wäschetrocknen und Bügeln. Denken Sie daran, feuchte Luft zügig aus Räumen entweichen zu lassen. Lassen Sie das Fenster bei niedrigen Außentemperaturen aber auch nicht zu lange offen stehen – den Raum anschließend wieder aufzuheizen erfordert eine Menge Energie.

11 **Nachts lüften** Ihren Keller lüften Sie im Sommer am besten frühmorgens oder spätabends. Die einströmende kühlere Außenluft kann an den kalten Kellerwänden nicht kondensieren – heiße Luft dagegen schon. Dann bildet sich schnell Schimmel, dessen Sporen sich unter Umständen im Haus verteilen. Diese verursachen im schlimmsten Fall Allergien oder Atemwegskrankheiten.

12 **Kondenswasser entfernen** Werden Räume nicht ausreichend gelüftet oder zu wenig geheizt, schlägt sich oft Luftfeuchtigkeit an den Fensterscheiben nieder. Diese sind die kältesten Flächen im Raum. Wischen Sie das Kondenswasser stets mit einem Lappen ab. Dasselbe gilt, wenn Kochdämpfe aus der offenen Küche in den Wohnbereich ziehen, weil die Dunsthaube nur im Umluftbetrieb arbeitet.

BESSER HEIZEN?

INNOVATIVE HEIZSYSTEME sollen Energiekosten sparen und die Umwelt schonen. Ist das Haus jedoch schlecht gedämmt, bringt das wenig.

Werden Heizkörper ungleichmäßig oder unzureichend warm, sollte ein **INSTALLATEUR** die ganze Anlage richtig einstellen. Dieser „hydraulische Abgleich" kann die Effizienz deutlich erhöhen.

Pfeift es durch die Ritzen, nutzt ein hocheffizienter Heizkessel wenig – zu viel **WÄRME** entweicht in die Umgebung, und das Haus verbraucht bis zu viermal so viel Energie wie nötig.

DIE HEIZUNG IST die CO_2-Schleuder Nummer eins im Haus. Ein überdimensionierter Kessel, eine veraltete Pumpe und schlecht abgestimmte Komponenten können eine Menge Energie verschwenden und hohe Kosten verursachen. Hat der Kessel mindestens 15 Jahre auf dem Buckel, lohnt sich meist ein Tausch. Der neue sollte hocheffizient und emissionsarm sein und seine Größe möglichst exakt auf Ihren Bedarf zugeschnitten. Bevor Sie jedoch dessen Größe bestimmen, senken Sie den Energiebedarf Ihres Hauses. Wie? Rechts steht die Antwort.

RICHTIG DÄMMEN!

DIE NACHHALTIGSTE METHODE, um Heizkosten zu sparen, ist der Schutz von Dach, Kellerdecke und Fenstern vor Wärmeverlusten.

Neben Matten aus Glas- oder Steinwolle und Polystyrol gibt es nachwachsende **DÄMMSTOFFE** wie Flachs- oder Zellulosefasern, deren Herstellung wenig Energie erfordert, oder solche, die aus Recycling-Material bestehen.

Wer ein Ein- oder Zweifamilienhaus kauft, ist laut Gebäudeenergiegesetz (GEG) **VERPFLICHTET**, das Dach sowie in unbeheizten Räumen verlaufende Rohre zu dämmen.

IST DAS HAUS EINGEPACKT, sinkt sein Energiebedarf. Das kostet meist nicht die Welt, lässt sich in Schritten erledigen – von halbwegs versierten Heimwerkern sogar in Eigenregie – und reduziert Wärmeverluste um bis zu 75 Prozent (Quelle: dena). Das Minimal-Programm besteht im Dämmen der obersten Geschossdecke oder, falls das Dachgeschoss genutzt werden soll, der Dachschrägen. Auch die Kellerdecke erhält eine Dämmung – von oben oder unten. Zusätzlich sollten Hauseigentümer in jedem Fall Fugen an Türen und Fenstern abdichten.

RAUS MIT DEM ALTEN, REIN MIT DEM NEUEN KESSEL!

Ein Großteil der in deutschen Kellern werkelnden Heizungsanlagen ist technisch veraltet, verbraucht unnötig viel Energie und belastet Umwelt und Klima. Der Einbau eines modernen Kessels verbessert den persönlichen ökologischen Fußabdruck erheblich. Finanziell hält sich der Kraftakt in Grenzen: Die Bundesregierung fördert die gute Tat mit aktuell bis zu 45 Prozent (siehe Kasten rechts). Fragt sich nur: Welche Technik kommt infrage – Gas, Wärmepumpe oder Biomasse wie Pellets, Scheitholz oder Hackschnitzel? Antwort: Am klimafreundlichsten sind alle drei, wenn sie mit Solartechnik auf dem Dach kombiniert werden.

1. Gasheizung: Nur mit Solarenergie
Gas-Brennwertanlagen sind günstig in der Anschaffung, verursachen mittelhohe laufende Kosten im Betrieb und benötigen wenig Platz. Da sie jedoch fossiles Erdgas verbrennen, schaden sie dem Klima. Einigermaßen umweltschonend sind Gasheizungen nur in Verbindung mit Sonnenenergie – also Solarthermie-Modulen für Heizung und Warmwasser oder Photovoltaik-Modulen zum Erzeugen von Strom. Kommt zusätzlich ein Stromspeicher zum Einsatz, ist der Anteil erneuerbarer Energien am höchsten. Werden Solarthermie und Photovoltaik kombiniert, ist die Umweltbilanz am besten.

2. Wärmepumpe: Teurer Spaß
Deutlich teurer, jedoch um einiges besser in Sachen Klimaschutz, ist eine Wärmepumpe. Sie arbeitet elektrisch und ohne Kamin. Je nach örtlichen Gegebenheiten kommt eine Außenluft- oder Erdwärmepumpe infrage, die der Umgebungsluft oder dem Boden Wärme entzieht, um damit die Heizung zu betreiben. Eine Wärmepumpe sollte mit einer Fußbodenheizung kombiniert werden, da sie nur bei deren niedriger Vorlauftemperatur wirklich effizient arbeitet.

Nachteil: Wärmepumpen benötigen relativ viel Strom – vor allem im Winter, wenn die Sonne wenig scheint und die Außenluft vergleichsweise kalt ist. Ist das Haus dann schlecht gedämmt, kann die Stromrechnung zur bösen Überraschung werden.

Auch Wärmepumpen lassen sich mit Solarthermie – etwa zur Bereitung von Warmwasser – und Photovoltaik – zum Beispiel zur Produktion des Betriebsstroms der

GELD VOM STAAT: STEUERBONUS ODER FÖRDERUNG?

FÜR INVESTITIONEN in klimafreundliche Heiztechnik oder die Wärmedämmung ihres Hauses können Eigentümer, die ihr Haus selbst bewohnen, seit Anfang 2020 mehr Geld vom Staat bekommen, und zwar entweder als Steuerermäßigung vom Finanzamt oder als Fördermittel von KfW-Bank und Bundesamt für Wirtschaft und Ausfuhrkontrolle (Bafa).

BEIM STEUERBONUS zieht das Finanzamt bis zu 20 Prozent der Ausgaben für eine energetische Sanierung direkt von der Steuerschuld ab, insgesamt höchstens 40 000 Euro. Die Ermäßigung verteilt sich auf drei Jahre: Für das Jahr, in dem die Arbeiten abgeschlossen werden, lassen sich 7 Prozent, insgesamt bis zu 14 000 Euro, geltend machen, ebenso im Folgejahr. In Jahr drei erkennt das Finanzamt 6 Prozent, maximal 12 000 Euro an.

DIE KFW-FÖRDERUNG ist vor Beginn der Arbeiten zu beantragen. Die Bank zahlt Tilgungs- und Investitionszuschüsse bis 48 000 Euro. Die maximale Kreditsumme beträgt jetzt 120 000 Euro. Das Bafa schießt für eine klimafreundliche Heizung bis zu 35 Prozent von maximal 50 000 Euro zu. Wird damit eine Ölheizung ersetzt, gibt es weitere 10 Prozent.

Pumpe – kombinieren und erreichen dann im Vergleich zur Gasheizung deutlich bessere Umweltwerte. Insgesamt ist die Umweltbilanz jedoch nicht überragend.

3. Holzpelletkessel: Grüne Lösung

Pelletkessel verbrennen gepresste Späne, die als Reste in Produktionsanlagen anfallen. Sie sind günstiger in der Anschaffung als Wärmepumpen, allerdings relativ aufwendig einzubauen und brauchen aufgrund des erforderlichen Pelletvorrats viel Platz im Keller. Außerdem benötigt auch eine Pelletanlage viel Strom und verursacht hohe Wartungskosten. Die Pellets sind zwar günstig, aber Holz ist insgesamt nur begrenzt verfügbar.

In Sachen Umwelt und Klima ist ein Holzpelletkessel jedoch unschlagbar: Mit Solarthermie und Photovoltaik gekoppelt kommt er auf die beste Umweltbilanz aller von uns untersuchten Systeme. Einen kleinen Wermutstropfen gibt es allerdings: Er verursacht Feinstaub.

Fazit: Moderne Heizungsanlagen können den Primärenergiebedarf im Vergleich zum Ölkessel um rund zwei Drittel senken. In einer ähnlichen Größenordnung verringert sich dabei der Ausstoß an Treibhausgasen.

SO ZIEHEN SIE IHRE EIGENE ENERGIEWENDE DURCH

Was Ökostrom genau ist? Schwer zu sagen. Rechtlich geschützt – wie „Bio-Lebensmittel" – ist der Begriff nicht. Laut Verbraucherzentrale Niedersachsen haben viele Tarife nicht einmal einen Nutzen für die Umwelt.

Ökostrom nicht gleich Ökostrom

Um ihren Kunden Ökostrom „aus 100 Prozent regenerativen Energien" anbieten zu können, kaufen deutsche Anbieter Herkunftsnachweise aus anderen Ländern, etwa Norwegen oder Österreich. Der Strom aus dortigen Wasserkraftwerken oder Windkraftanlagen wäre jedoch ohnehin erzeugt worden – seine „grüne" Eigenschaft wird nach Deutschland verschoben.

Engagement des Anbieters

Besser für Umwelt und Klima ist es, wenn der Anbieter mit dem Geld der Kunden die Energiewende vorantreibt, indem er sich dafür einsetzt, dass der Ausbau der Erneuerbaren – unabhängig von der EEG-Zulage – vorankommt. Wer sich für einen dieser Anbieter entscheidet, unterstützt dessen Geschäftspolitik und indirekt auch die Energiewende in Europa.

Label geben Orientierung

Mit Ökostrom-Labels werden Stromtarife, seltener ganze Unternehmen zertifiziert, wenn sie einen zusätzlichen Umweltnutzen bieten. Dieser kann darin bestehen, dass ein Teil des Strompreises in den Bau neuer Anlagen fließt oder der Anbieter ihn in Energieprojekte (unter anderem sogenannte Mieterstrommodelle) investiert. Verbraucherschützer empfehlen die Label „Grüner Strom" und „ok Power". „Echten" Ökostrom verkaufen auch nicht zertifizierte Anbieter wie Greenpeace, die sich eigene, teils sogar strengere Maßstäbe setzen.

Selbst Strom produzieren

Wer die Energiewende lieber in die eigenen Hände nehmen will und ein Eigenheim mit ausreichend großer Dachfläche besitzt, kann in eine Photovoltaikanlage (PVA) investieren. Kostenpunkt: 1 000 bis 1 400 Euro pro Kilowatt Leistung. Wer pro Jahr 4 000 Kilowattstunden verbraucht, bräuchte eine Anlage mit 4 Kilowatt. Strom, den der Erzeuger nicht selbst verbraucht, speist er gegen eine Vergütung (9,16 Cent/kWh, Stand: Juni 2020) ins öffentliche Netz ein.

BÜRGERENERGIE: KONKURRENZ FÜR DIE KONZERNE

EIN SCHLAGWORT DER ENERGIEWENDE ist „Bürgerenergie". Darunter versteht man Projekte zur Nutzung erneuerbarer Energien, die von Privatleuten, Vereinen und Genossenschaften finanziert oder betrieben werden. Meist geht es um Photovoltaikanlagen oder Windräder, die Strom und Wärme für den Eigenverbrauch erzeugen. Andere Gesellschaften investieren in Energieeffizienzprojekte, verpachten PV-Anlagen, betreiben Versorgungsnetze oder bieten Car-Sharing an.

42 PROZENT DES IN DEUTSCHLAND erzeugten erneuerbaren Stroms stammte 2016 von Energieprojekten in Bürgerhand oder mit starker Bürgerbeteiligung. Vorteile: Da die Energie vor Ort produziert und genutzt wird, sind weniger Stromleitungen nötig. Bürger erhalten durch die dezentrale Versorgung Gelegenheit, selbst sauberen Strom zu produzieren und ihren CO_2-Ausstoß zu mindern.

EINE MÖGLICHKEIT, SEIN GELD in lokalen und regionalen Projekten nachhaltig anzulegen, bieten Energiegenossenschaften. Durch den Erwerb von Anteilen werden Geldgeber Miteigentümer und können über Vorhaben der Genossenschaft mitbestimmen.

Finanziell lohnt es sich, möglichst viel Strom selbst zu verbrauchen – was für die Installation eines Speichers spricht. Mit diesem lässt sich der tagsüber erzeugte Strom auch nachts oder bei schlechtem Wetter verbrauchen. Im Kommen sind vor allem sogenannte Redox-Flow-Speicher, weil sie effizienter und langlebiger als Lithium-Ionen-Speicher und zudem recycelbar sind. Allerdings werden auch für einen solchen Speicher mehrere Tausend Euro fällig.

Für Anlage und Speicher lassen sich staatlich geförderte Kredite beantragen (kfw.de/foerderung). Gefördert werden neben dem Kaufpreis auch die Kosten für Planung, Projektierung und Installation.

„Kleine" Lösung für Mieter

Mieter haben immerhin die Möglichkeit, auf ihrem Balkon eine Mini-PV-Anlage mit 100 bis 600 Watt zu betreiben. Den Strom verwendet man selbst, speist ihn ins Hausnetz ein oder speichert ihn in einer Solarbatterie. Dagegen wirken mobile „Solar Charger" zum Aufladen von Handys, Kameras und Tablets eher wie eine Spielerei. Bedenkt man aber, wie oft das Smartphone an die Steckdose muss, ist selbst das ein Beitrag.

SCHRITT FÜR SCHRITT ZUM ÖKOSTROM-TARIF

1. Den Wechsel vorbereiten Suchen Sie die Zählernummer und den Jahresverbrauch aus Ihrer letzen Jahresabrechnung heraus. Beides braucht der neue Anbieter für Ihren Vertrag.

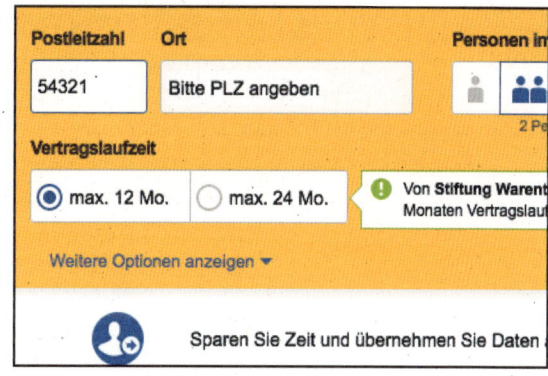

2. Vergleichsportal aufrufen Rufen Sie ein Vergleichsportal auf. Tragen Sie Postleitzahl und Jahresstromverbrauch ein. Prüfen Sie, dass bei Vertragslaufzeit „maximal 12 Monate" steht.

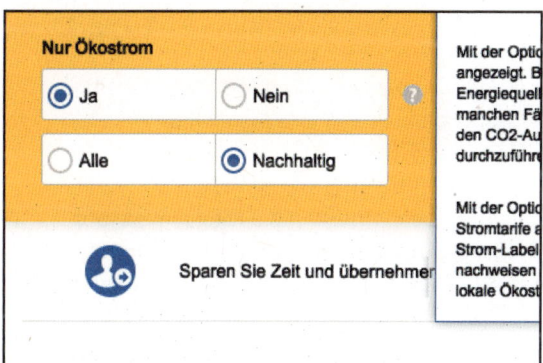

3. Ökostrom-Anbieter filtern Wählen Sie „nachhaltige Ökostrom-Tarife" (siehe S. 158). Diese sollten das Label „ok Power" oder „Grüner Strom" tragen und bei ecotopten.de gelistet sein.

4. Konditionen vergleichen Bevorzugen Sie Tarife mit hohem Sofortbonus. Achten Sie auf eine Preisgarantie von mindestens 12 Monaten, prüfen Sie, was in der Garantie enthalten ist.

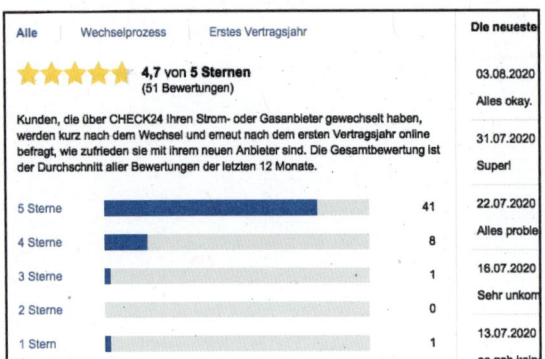

5. **Tarif auswählen** Guter Service kann viel Ärger sparen. Gehen Sie daher nicht nur nach dem Preis, schauen Sie auch auf die Kundenbewertungen — vor allem des ersten Vertragsjahrs.

6. **Wechsel einleiten** Klicken Sie entweder weiter oder gehen Sie direkt auf die Website des Anbieters. Vergleichen Sie in diesem Fall Preis und Konditionen mit dem gefundenen Tarif.

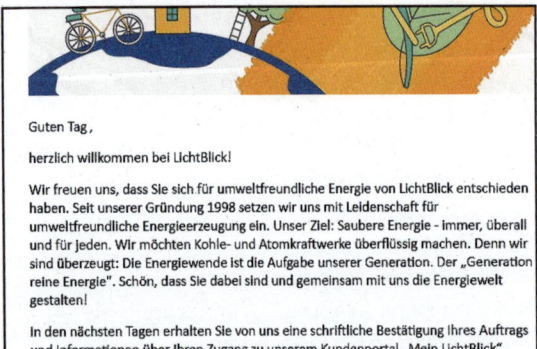

7. **Vertrag schließen** Tragen Sie die geforderten Daten ein und bestätigen Sie den Wechsel. Nach kurzer Zeit schickt Ihnen der neue Anbieter den Vertrag und teilt Ihnen den Liefertermin mit.

8. **Zählerstand melden** Zum Lieferbeginn lesen Sie Ihren Zählerstand ab und teilen diesen Ihrem alten Versorger mit. Dieser erstellt daraufhin eine Schlussabrechnung.

ELEKTROGERÄTE: REPARATUR GEHT VOR AUSTAUSCH

„Für das Geld bekommen Sie auch ein neues Gerät." Diesen Satz hören viele Kunden, die Waschmaschine, Geschirrtrockner oder Kühlschrank reparieren lassen wollen. Hinzu kommt: Neue Geräte arbeiten deutlich effizienter (siehe rechts) – und jede Kilowattstunde weniger spart 0,4 Kilogramm CO_2 ein. Aus ökologischer Sicht ist eine Reparatur dennoch fast immer die bessere Option.

Eingebaute Elektronik kritisch

Haushaltsgeräte schaden der Umwelt vor allem durch Herstellung und Gebrauch. Besonders ins Gewicht fällt die Elektronik, da sie schwer zugängliche und oft unter schlimmen Umständen abgebaute Rohstoffe wie Gold, Zinn, Tantal und Kupfer enthält. Eine bestückte Platine herzustellen ist fast 100-mal schädlicher als die Produktion derselben Menge an Plastikteilchen.

Neukauf meist Öko-Desaster

Eine Ausnahme bilden nach Untersuchungen der Stiftung Warentest Staubsauger: Bei ihnen macht den größten Teil der Umweltbelastung der Stromverbrauch aus. Für Waschmaschinen, Kaffeevollautomaten und Geschirrspüler gilt: Ein Austausch nach kurzer Zeit ist finanziell meist günstiger – doch ein ökologisches Desaster. Immerhin: Einen Kaffeeautomaten reparieren zu lassen lohnt sich schon wegen des hohen Kaufpreises. Drei typische Reparaturen kosten nur wenig mehr als ein neues Gerät.

Billiggeräte kaum reparierbar

Dass sich viele Reparaturen nicht rechnen, liegt auch an den Geräten. Werkstätten beklagen, dass es immer aufwendiger werde, diese zu öffnen und Teile auszubauen. Insbesondere Billiggeräte seien in der Regel nicht wirtschaftlich zu reparieren. Umweltbewusste Käufer sollten auf teurere, aber hocheffiziente Modelle von (Marken-)Herstellern setzen, die Serviceleistungen bieten und Ersatzteile lange vorhalten. Prüfen Sie eine Garantieverlängerung, sofern diese häufige Defekte abdeckt. Bevorzugen Sie Produkte, die den „Blauen Engel" tragen (siehe S. 49) oder setzen Sie auf effiziente gebrauchte Geräte mit Händlergarantie.

Extra-Tipp: Kleinere Geräte wie Toaster und Kaffeemaschinen lassen sich oft selbst reparieren – unter Anleitung von Experten in einem Repair Café.

ENERGIE

Stromfresser auszutauschen lohnt sich finanziell – ökologisch leider nur selten. Hier Orientierungswerte für Durchschnittshaushalte.

bis 1300 kWh/Jahr

Die Warmwasserbereitung mit Durchlauferhitzer oder Boiler braucht Unmengen an Energie.

800 kWh

Weit vorn liegen auch ungeregelte Heizungspumpen (Hocheffizienzpumpen: 60–150 kWh).

649 kWh

Alter Wäschetrockner (7 kg Fassungsvermögen), 160 Zyklen (A+++-Gerät: min. 156 kWh).

400 kWh

Ca. 10 Prozent des Stroms verbraucht die Beleuchtung. LED-Lampen sparen bis 90 Prozent.

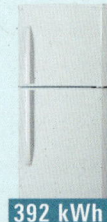

392 kWh

Freistehende Kühl-/Gefrier-Kombination mit 250/90 Litern (A+++-Gerät: min. 137 kWh).

384 kWh

Geschirrspüler (60 cm breit) bei 280 Spülgängen im Jahr (A+++-Gerät: min. 208 kWh).

250 kWh

Waschmaschine (6 kg Fassungsvermögen), 220 Waschgänge (A+++-Gerät: min. 137 kWh).

160 kWh

Backofen mit 65 Litern Innenraum, 100-mal Umluft-Backen (A+++-Gerät: 40 kWh).

88 kWh

Flachfernseher mit 80 cm Bildschirmdiagonale, 4 Std./Tag (A+++-Gerät: min. 21 kWh).

BREMSEN SIE IHREN STROM-ZÄHLER AUS!

Ob Küche, Bad, Büro oder Heizungskeller – überall im Haus lässt sich der Stromverbrauch senken, durch technische Anpassungen oder den Austausch besonders stromhungriger Geräte (siehe dazu S. 162). Hier 10 Tipps, die Umwelt und Geldbeutel nutzen.

1 Alte Heizungspumpe austauschen Der Austausch Ihrer alten Umwälzpumpe gegen ein regelbares, hocheffizientes Modell bringt Eigenheimbesitzern eine Einsparung von bis zu 90 Prozent. Wichtig: Wählen Sie eine Pumpe, deren Leistungsstärke Ihrem Bedarf entspricht, und lassen Sie die Druckverhältnisse über einen hydraulischen Abgleich optimieren. Danach können Sie meistens auch die Vorlauftemperatur senken. Stellen Sie die Anlage rechtzeitig auf Sommerbetrieb um und lassen Sie die Pumpe während Ihres Urlaubs pausieren!

2 Hocheffiziente Geräte kaufen Steht der Kauf eines neuen Haushalts- oder TV-Gerätes an, setzen Sie auf ein Modell mit höchster Energieeffizienz – zu erkennen auf dem Energielabel. Die gesparte Energie wiegt den höheren Kaufpreis meist nach wenigen Jahren auf (siehe S. 162). Für Kühlschränke, Waschmaschinen, Wäschetrockner und Geschirrspüler ist derzeit A+++ die beste Effizienzklasse, für Dunstabzugshauben A++. Ab 2021 wird schrittweise eine einheitliche Skala von A bis G eingeführt.

3 Auf LED umstellen Der entscheidende Faktor in der Ökobilanz von Lampen ist der Energieverbrauch. LED liegen trotz aufwendigerer Herstellung in Sachen Lichtausbeute vor Kompaktleuchtstoff- und Halogenlampen. Wer noch immer herkömmliche Glühbirnen in Betrieb hat, sollte sie in wenig genutzte Räume wie Abstellkammer oder Schlafzimmer verbannen und gegen LED-Lampen austauschen, die es mittlerweile für alle Einsatzbereiche gibt. Nach zirka einem Jahr hat sich die Anschaffung amortisiert.

4 Lauwarm waschen und spülen Wer Waschmaschine und Geschirrspüler vorzugsweise mit Sparprogrammen mit niedriger Temperatur betreibt, spart eine Menge Energie. Keine Angst: Wäsche und Geschirr werden trotzdem sauber, wenn Sie Wasch- und Spülmittel nach Vorschrift dosieren.

5 Nicht mit Strom heizen Wärme mit Strom zu erzeugen ist extrem teuer und klimaschädlich. So verursacht ein Heizlüfter mit 2000 Watt Leistung, der

am Tag vier Stunden läuft, Kosten von ca. 74 Euro – im Monat! Setzen Sie den Ölradiator im Hobbykeller und den Heizkörper im Bad sparsam ein. Nutzen Sie, falls vorhanden, niedrigere Heizstufen. Kaufen Sie Geräte mit Thermostat und Zeitschaltuhr, um deren Laufzeit zu begrenzen.

6 Geräte vom Netz trennen Zwar dürfen seit 2010 verkaufte Büro- und Haushaltsgeräte im Standby-Modus nur maximal 0,5, Geräte mit Display höchstens 1 Watt verbrauchen. Doch noch gibt es jede Menge Altgeräte. Das Umweltbundesamt schätzt die „Leerlaufverluste" auf 22 Milliarden Kilowattstunden pro Jahr. Koppeln Sie Geräte, an denen ein Lämpchen leuchtet oder deren Netzteil warm wird oder brummt und die keinen Ein-/Aus-Schalter besitzen, über eine schaltbare Steckerleiste ans Stromnetz. Damit können Sie mehrere Geräte auf einmal ausschalten.

7 Kühlgeräte regelmäßig abtauen Besitzt Ihr Kühl- oder Gefrierschrank keine Abtauautomatik (No-Frost-Funktion), tauen Sie ihn regelmäßig per Hand ab. Schalten Sie das Gerät aus und ziehen Sie den Stecker heraus. Stellen Sie eine Schüssel mit heißem Wasser für fünf bis zehn Minuten in den Kühl- oder Gefrierraum. Anschließend entfernen Sie Eisreste und wischen trocken nach. Reinigen Sie wenn möglich mit einem Handbesen das Gitter auf der Rückseite.

8 Im Urlaub Strom sparen Gönnen Sie Ihren elektrischen Geräten bei längerer Abwesenheit eine Pause. Schalten Sie den Kühlschrank aus – oder aktivieren Sie die Ferienschaltung. Durchlauferhitzer und Warmwasserboiler können ebenfalls vom Netz, ebenso Computer, Spielkonsole, Drucker und alle weiteren Geräte, die im Standby-Modus

Strom ziehen. Deaktivieren Sie die WLan-Funktion Ihres Internetrouters.

9 Resthitze nutzen Nehmen Sie zum Erhitzen von Wasser einen Wasserkocher. Füllen Sie nur so viel Wasser ein, wie Sie brauchen. Achten Sie darauf, dass die Töpfe exakt auf die Herdplatten passen, und verwenden Sie Deckel. Verzichten Sie auf das Vorheizen des Backofens und schalten Sie ihn zehn Minuten vor Ende der Garzeit aus, um die Restwärme zu nutzen. Beim Bügeleisen können Sie die Resthitze für maximal fünf Minuten nutzen.

10 Energiesparmodus nutzen Passen Sie in der Systemsteuerung Ihres Computers den Energiesparmodus so an, dass Display oder Monitor früher ihre Helligkeit verringern oder sich abschalten und der gesamte Rechner eher in den Ruhezustand wechselt.

KÄLTE REIN?

HEISSE TAGE MIT ÜBER 30 GRAD gibt es auch bei uns immer öfter. Eine Klimaanlage schafft Erleichterung, ist aber riskant. Wofür? Na, fürs Klima.

Während ein mobiles Gerät einfach aufgestellt werden darf, müssen für fest installierte Geräte **FACHLEUTE** ran. Mieter benötigen dafür die Erlaubnis des Vermieters.

Klimageräte mit dem **KÄLTEMITTEL** R410a (2088-mal klimawirksamer als CO_2) dürfen in der EU nur noch bis Ende 2024 verkauft werden. Modernere Geräte verwenden das etwas weniger schädliche R32.

BRENNT DRAUSSEN DIE SONNE, wird es drinnen schnell heiß. Kühlung versprechen Klimageräte. Sowohl mobile als auch fest installierte Modelle verwenden Kältemittel. Entweichen diese durch undichte Leitungen oder bei der Entsorgung, landen sie in der Atmosphäre.

675-mal so stark wie CO_2 trägt das in Klimageräten meist eingesetzte fluorhaltige Kältemittel R32 zum Treibhauseffekt bei. Das macht bei 100 Millionen Geräten mit je 2 Kilogramm R32 insgesamt 121 Millionen Tonnen CO_2. Liefen die Geräte mit R290 (Propan), wären es nur 500 000 Tonnen.

HITZE RAUS!

RÄUME ZU KÜHLEN IST GUT – sie nicht erst aufzuheizen ist besser.
Dabei helfen Jalousien, Schutzfolien, eine gute Dämmung sowie cleveres Lüften.

Am besten schützen Rollläden oder Außenjalousien. Wer keine hat, kann sich mit **INNENJALOUSIEN** behelfen. Diese lassen Sonnenwärme zwar zum Teil durch, sind aber recht einfach zu montieren und spenden Schatten.

ALS ERSTE HILFE eignet sich ein Ventilator zum Hinstellen oder zur Deckenmontage. Er verschafft immerhin ein kühlendes Gefühl. Für wirksamen Hitzeschutz sorgen Jalousien und Rollläden. Für Balkon oder Terrasse eignet sich eine Markise, ein Sonnensegel oder ein Schirm.

Auch Lüften senkt die Raumtemperatur. Öffnen Sie Fenster nachts und morgens. Effektiv ist es, für einige Minuten Durchzug zu schaffen. In Einfamilienhäusern ist Vertikallüftung ideal: Warme Luft entweicht aus den Dachfenstern, über Fenster im Keller oder Erdgeschoss strömt kühle Luft nach.

Hilfe, diese Hitze!
Bei hohen Temperaturen ist
Kühlung gefragt. Längst nicht
alle Klimageräte kühlen Räume
zügig und effizient – doch inzwischen gibt es sogar Modelle,
die den Blauen Engel tragen.

KLIMAGERÄTE: MEHR SCHADEN ALS NUTZEN?

Angesichts mehrerer Hitzesommer in Folge nahm der Absatz von Klimageräten deutlich zu. Ist ja auch einfach: in den Baumarkt gehen, einen günstigen Monoblock kaufen, zu Hause einstecken, Abluftschlauch aus dem Fenster hängen – fertig. Die Sache hat nur einen Haken: Mobile Geräte verwenden zwar ein klimafreundliches Kältemittel, kühlen jedoch langsamer und brauchen mehr Strom als fest installierte Anlagen. Was tun?

Splitgeräte effizienter Das Nonplusultra in Sachen Tempo und Effizienz sind Splitgeräte. Sie bestehen aus einem Innen- und einem meist an der Fassade angebrachten Außengerät, die durch eine Kältemittelleitung verbunden sind, kosten zwischen ca. 1300 und 3000 Euro – und dürften allein aufgrund des hohen Preises für viele Nutzer kaum eine Alternative sein.

Monoblöcke günstiger Dagegen sind Monoblöcke bereits ab ca. 300 Euro zu haben. Da ihre Abluft aus einem offenen Fenster geleitet werden muss, strömt ständig warme Außenluft ein. Wird das Loch abgedichtet, entsteht ein Unterdruck im Raum, der warme Luft aus anderen Räumen nachströmen lässt. Zudem erwärmt sich im Betrieb der Schlauch und heizt den Raum zusätzlich auf. Pro Sommer verbrauchen die von uns Anfang 2020 getesteten Modelle zwischen 140 und 250 kWh – gute Splitgeräte weniger als 100 kWh.

Knackpunkt Kältemittel Über ein gutes Klimagewissen entscheidet nicht allein der Stromverbrauch, sondern auch das verwendete Kältemittel. Die gute Nachricht: Viele moderne Monoblöcke kühlen mit klimafreundlichem Propan (siehe S. 166). Stammt der Strom dann noch aus erneuerbaren Energien – etwa von der eigenen Photovoltaikanlage –, läuft das Gerät nahezu klimaneutral. Würden Monoblöcke jetzt noch effizient kühlen, wäre das Hitzeproblem eigentlich gelöst.

Raumgröße und Nutzungsverhalten So aber sind die teuren, jedoch effizienteren Splitgeräte derzeit die bessere Alternative für große Wohnräume mit offener Küche, die im Sommer oft und schnell gekühlt werden müssen. Mieter brauchen dafür die Einwilligung des Eigentümers. Wird das Gerät ausrangiert, haben eine fachgerechte Demontage und Entsorgung des Kältemittels oberste Priorität! Dagegen fahren alle, die an einzelnen Tagen kleinere Räume kühlen wollen, mit einem Monoblock in Verbindung mit wirksamer Verschattung besser.

RANDVOLL?

IN VIELEN MOBILGERÄTEN stecken Lithium-Ionen-Akkus. Damit sie möglichst lange Saft liefern, sollten sie richtig geladen werden.

Die Akkus kabellos betriebener Geräte sollten nicht randvoll geladen sein. Das schadet der Kapazität – die **LEBENSDAUER** verkürzt sich teilweise erheblich.

ACHTUNG!

Und der Müllberg wächst: Trotz aller Pflege sind Akkus nach spätestens drei bis fünf Jahren reif für den Elektroschrott – bei unsachgemäßem Umgang in der Hälfte der Zeit.

LADEGERÄT EINSTECKEN und kurz darauf das Smartphone oder den Bluetooth-Kopfhörer mit vollem Akku nutzen? Das ist bequem, lässt jedoch den Akku vorschnell altern. Dasselbe gilt, wenn dieser in direkter Hitze, etwa in der Sonne am Fenster, geladen wird. Hier kann er sich zudem aufheizen und lädt langsamer. Auch Minusgrade beim Laden oder Lagern sind fatal und können Akkus dauerhaft schädigen. Lassen Sie ungenutzte Geräte nicht zu lange mit leerem Akku herumliegen. Laden Sie diesen ab und zu bis auf 60 Prozent auf. Das hält ihn fit.

80 PROZENT!

PERMANENT VOLL GELADEN büßt ein Akku an Kapazität ein. Trennen Sie ihn deshalb deutlich vorher vom Netz.

Optimal ist, wenn ein Akku immer zwischen **30 UND 80 PROZENT SAFT** hat. Es ist ein Mythos, dass ein Lithium-Ionen-Akku an Kapazität verliert, wenn er nicht jedes Mal voll aufgeladen wird.

BESSER NICHT!

Ihren Laptop sollten Sie nicht permanent im Netzbetrieb nutzen – stellen Sie mindestens einmal im Monat auf Akkubetrieb um, bis der Akku bei rund 20 Prozent angelangt ist.

WIE EIN LUCHS AUFZUPASSEN, bis die Ladeanzeige des Smartphones bei 80 Prozent steht, um es sofort vom Netz zu trennen? Ziemlich unrealistisch. Die Lösung sind Apps wie Battery Widget (Android) oder Akku Optimierer Pro (iOS), die – neben diversen Energiesparfunktionen – den Ladevorgang bei einem vorher festgelegten Wert stoppen. Auch wichtig: Statt das Smartphone stundenlang oder über Nacht an die Steckdose zu hängen, ist es besser, das Gerät mehrmals für kürzere Zeit zu laden, etwa beim Frühstück und beim Abendessen.

WENN AKKU, DANN ÖKO!

IM BERUF UND BEIM HOBBY ist Mobilität gefragt. Doch nicht jedes Gerät muss zwingend mit Akkukraft laufen. Oft tut's auch das gute, alte Netzkabel – oder die Sonne sorgt für Power.

Strom aus der Dose

Bohrmaschine, Rasierapparat und Radiogerät kommen meist in der Nähe einer Steckdose zum Einsatz. Statt eines Akku-Modells tut es meist eines mit Netzbetrieb – und im Notfall hilft ein Verlängerungskabel.

Multitools

Eine Basis – mehrere Aufsätze, so funktionieren Multitools, auch Systemwerkzeuge genannt. Beispiel: Heckenschere, Baumsäge und Metallmesser.

Solarbetriebene Geräte

Von Armbanduhr, Taschen-
rechner und Powerbank bis
Gartenleuchte und Küchenwaage –
Geräte, die mit Sonnenenergie
laufen, nutzen nur dann einen
Akku, falls die Sonne mal nicht
scheint. Sehr vorausschauend!

Handbetrieb

Ob Zwiebelschneider oder Fleischwolf,
Astsäge oder Heckenschere – muss bei
jeder Arbeit ein Motor summen, brummen
oder jaulen? Nein – speziell kleinere
Arbeiten lassen sich gut per
Hand erledigen.

Akku-Systeme

Wer auf ein System setzt, bei
dem er mit einem Akku mehrere
(bei manchen Anbietern über
100) Werkzeuge und Garten-
geräte – von Bohrschrauber und
Kettensäge bis Rasenmäher und
Wasserpumpe – betreiben kann,
schont Ressourcen und Klima.

Jederzeit mobil zu sein ist ein Stück persönliche Freiheit. Vor allem das Auto ist für viele Menschen das Symbol von Unabhängigkeit. Doch der wachsende Verkehr auf Straßen und Schienen, in der Luft und auf dem Wasser verursacht Lärm, Schadstoffe und CO_2, die uns und den Planeten krank machen. Höchste Zeit, achtsamer mit unserer mobilen Freiheit umzugehen – und so oft es geht „motorfrei" unterwegs zu sein.

MOBILITÄT, FREIZEIT UND FINANZEN

„GRÜNE WELLE" FÜR ALLE – AM BESTEN OHNE AUTO

Auto, Flugzeug, Kreuzfahrtschiff – geht man von den Nutzerzahlen aus, sind uns diese drei Fortbewegungsmittel so richtig ans Herz gewachsen. Begann der Siegeszug des Automobils vor 70 Jahren, haben erschwingliche Preise und geschicktes Marketing erst vor relativ kurzer Zeit einen Ansturm auf (Billig-)Flieger und Ozeanriesen ausgelöst. Ob in sechs Stunden nach New York oder in zwei Wochen durch die Karibik – wir genießen eine fast grenzenlose Mobilität. Den Preis zahlt unser Planet. Denn wo landen die Abgase aus dem verbrannten Benzin, Kerosin und Schiffsdiesel? In der Atmosphäre. Insgesamt sorgte der Verkehrssektor bei uns 2019 für 163,5 Millionen Tonnen CO2-Emissionen. Das sind über 20 Prozent des gesamten Ausstoßes.

Radeln für Umwelt und Gesundheit

Wer sich in einer beliebigen deutschen Großstadt während des Berufsverkehrs an die Straße stellt und in die vorbeizuckelnden (oder im Stau stehenden) Autos blickt, sieht: In nahezu jedem Auto sitzt nur eine einzige Person. Säßen jeweils drei Personen darin, wäre nach Adam Riese nur ein Drittel der Autos unterwegs, benötigte nur ein Drittel der Parkplätze und stieße ein Drittel der Treibhausgasmenge aus. Ein Stichwort für einen nachhaltigeren Weg zur Arbeit lautet deshalb „Fahrgemeinschaft" – ein anderes „Radfahren". Wussten Sie schon: Wer im Jahr 220-mal fünf Kilometer zur Arbeit und wieder nach Hause radelt, spart 350 Kilogramm CO_2 – und tut eine Menge für Fitness und Gesundheit?

Eine App für alle Verkehrsmittel

Das Problem mit den Abgasen sollen Autos mit umweltfreundlichen Antrieben lösen. Derzeit ruhen die Hoffnungen vor allem auf Elektromotoren – künftig könnten auch mit Wasserstoff betriebene Wagen durch unsere Straßen rollen. Aber der Strom, der für die Produktion und das Laden der Autos beziehungsweise für die Gewinnung des Wasserstoffs benötigt wird, stammt nicht durchweg aus erneuerbaren Quellen. Und auch in abgasfreien Autos stecken Rohstoffe, bei deren Abbau und Verarbeitung Emissionen entstehen und Menschen leiden. Fährt jeder sein Öko-Auto, ändert sich zudem wenig an Staus und Parkplatznot. Anders bei „Shared

WAS IST BESSER – FERNBUS ODER BAHN?

IM FERNVERKEHR MACHEN FERNBUSSE seit Längerem der Bahn Konkurrenz. 2018 ließen sich rund 23 Millionen Passagiere von Flixbus & Co. ans Ziel bringen. Das ist in jedem Fall besser fürs Klima, als sich ins Auto zu setzen oder zu fliegen (siehe Grafik S. 193). Doch wo liegen die sonstigen Vor- und Nachteile?

PREIS Viele Busverbindungen sind äußerst günstig. Von Berlin nach München für nur 20 Euro – das schafft die Bahn trotz Spar- und Supersparpreisen nicht. Laut einer Quotas-Studie im Auftrag des Verkehrs- clubs Deutschland (VCD) liegt der Preis für 100 Kilometer im Schnitt bei 10 bis 12 Euro (Bahn) beziehungsweise 4 Euro (Bus).

FAHRZEIT Innerhalb Deutschlands sowie in Mittel- und Westeuropa sind die Haus-zu-Haus-Zeiten mit dem Zug meist kürzer. In Richtung Osten haben die Busse aufgrund des besseren Streckennetzes Vorteile.

KOMFORT Bei Beinfreiheit und WLan-Stabilität liegt die Bahn vorn. Sie punktet zudem mit ihrem Streckennetz. Dagegen ist es mit dem Fernbus leichter, direkt in kleinere Orte zu gelangen – erst recht in solche ohne Bahnhof.

Mobility" (siehe S. 180). Richtig praktisch wird das Teilen von Autos, Rollern und Rädern, wenn es sich mit öffentlichem Nah- und Regionalverkehr vor Ort kombinieren lässt – über eine App fürs Smartphone.

Extra-Tipp: Einige Großstädte bieten bereits eigene Mobilitäts-Apps an, etwa München Navigator und BVG Jelbi in Berlin. Außerdem gibt es bundesweite Dienste wie Qixxit, Mobility Map, Moovel und Naturtrip.

Fliegerei drastisch reduzieren

Wie man es dreht und wendet: In ein Flugzeug zu steigen passt nicht zu einem grünen Lebensstil. Wir hören das nicht gern – und wollen erst recht nicht auf die eine oder andere Fernreise verzichten. Doch was ist mit dem jährlichen Zweiturlaub im Süden, was mit dem Inlandsflug alle zwei Wochen, um die Fernbeziehung zu pflegen? Hier sind Bahn und Fernbus eine umweltfreundliche Alternative (siehe Kasten oben).

Nicht nur im privaten Umfeld können wir Dinge verändern, sondern auch im Job. Wenn Corona eines gezeigt hat, dann, dass sich ein Großteil aller Meetings und Workshops oft genauso gut per Videokonferenz durchführen lässt – und unzählige Dienstflüge schlicht überflüssig sind.

LENKEN?

ALS STATUSSYMBOL HAT DAS AUTO nahezu ausgedient. Dennoch können sich selbst Großstadtmenschen oft nicht davon trennen.

Ein fehlender ÖPNV-Anschluss, eingeschränkte Mobilität oder der Zwang, zeitlich flexibel zu sein, können für ein **EIGENES AUTO** sprechen. Um das Klima zu schützen, sollte dieses kompakt, sparsam und elektrisch sein.

Laut Bundesverkehrsministerium sitzen im **BERUFSVERKEHR** in jedem Auto statistisch gesehen gerade einmal 1,2 Personen. Im sonstigen Durchschnitt sind es immerhin 1,42 Personen.

RECHNET SICH EIN AUTO IN DER STADT? Eine Analyse von Telekom und Verivox kam 2019 zum eindeutigen Ergebnis: Nein. Sowohl Singles als auch Familien leben günstiger, wenn sie stattdessen öffentliche Verkehrsmittel sowie Mietwagen- und Carsharing-Angebote nutzen – Singles sparen mehr, Familien etwas weniger. In dieser Rechnung noch nicht enthalten sind die Lebenszeit, die viele Großstädter täglich im Stau oder bei der Parkplatzsuche vergeuden, sowie die Mengen an Abgasen und Feinstaub, mit denen sie die Luft verschmutzen.

LESEN!

ZUM GLÜCK GIBT'S ALTERNATIVEN: Setzen Sie sich in den Bus oder die Bahn und lassen Sie sich entspannt ans Ziel fahren.

Oft unterschätzter Vorteil von Bus und Bahn: Im Gegensatz zum Auto können Passagiere die Fahrzeit **AKTIV NUTZEN** – etwa um zu lesen oder zu arbeiten.

Nutzer öffentlicher Verkehrsmittel sind statistisch gesehen **SELTENER FETTLEIBIG** als Autofahrer. Zu diesem Ergebnis kamen Forscher der University of Illinois. Begründung: Bus- und Bahnfahrer stehen und laufen deutlich mehr.

ZUG ZU KURZ, TAKT ZU LANG und dann immer dieser Dreck – über die „Öffentlichen" lässt es sich prima meckern. Fakt ist aber auch: Mit ihnen kommen Sie oft günstiger, meist schneller und in jedem Fall klimaverträglicher ans Ziel. Öffentliche Verkehrsmittel verursachen pro Person und Kilometer nur rund 40 Prozent der Emissionen von Autos. Wer an 220 Tagen im Jahr mit der S-Bahn zu seinem 25 Kilometer entfernten Arbeitsplatz und zurück fährt und für sein Jahresticket 960 Euro gezahlt hat, spart rund 3 400 Euro – plus eine Tonne CO_2!

ÖKOLOGISCH MOBIL: TEILEN STATT BESITZEN!

Bis elektrisch angetriebene Lufttaxis, Hyperloops und autonome Shuttles unsere Städte von den Abgasen, dem Feinstaub und dem Lärm des heutigen Autoverkehrs entlasten, dürfte es noch dauern. Doch die Zukunft der urbanen Mobilität hat längst begonnen – mit Verkehrsmitteln, die sich Nutzer teilen.

Sharing-Angebote gibt es für Autos, Roller, E-Scooter, E-Bikes und Fahrräder. Intelligent mit dem öffentlichen Nahverkehr kombiniert und über integrierte Mobilitätsapps buchbar, hat insbesondere Carsharing das Potenzial, das eigene Auto überflüssig zu machen.

Carsharing

Wie geht das? Nutzer registrieren sich bei einem Anbieter wie Flinkster oder Stadtmobil, laden dessen App und reservieren ein Auto, das sie an einer wohnortnahen Station abholen und abgeben. Auch Buchungen mit längerem Vorlauf sind möglich. Bei der Großstadt-Variante „Freefloating" orten Nutzer über die Anbieter-App spontan ein freies Auto in ihrer Nähe und lassen es am Ziel (oder in einer bestimmten Zone) stehen.

Was bringt das? Carsharing spart Geld, entlastet die Umwelt und führt mittelfristig zu weniger Autos.

Extra-Tipp: Bei der Variante „Peer-to-peer" teilen Privatpersonen ihre Autos, zum Beispiel über getaround.de.

E-Motorroller

Wie geht das? Schnell und günstig von A nach B – mit einem Leih-Roller kein Problem. Anbieter sind u.a. Emmy und Coup. Zunächst Anbieter checken und Preise vergleichen. Dann App laden, Fahrerlaubnis prüfen lassen, Roller in der Nähe suchen und losfahren. Helm gibt's im Roller. Zur Rückgabe Roller verkehrssicher abstellen und abmelden.

Was bringt das? Ersetzen sie Autofahrten, reduzieren E-Roller Abgas- und Lärmbelastung. Gegenüber Fuß- und Radverkehr bleibt als Vorteil nur die Zeitersparnis.

Extra-Tipp Außer für Leicht-Mofas besteht Helmpflicht. Mofas dürfen ab 15 Jahren, Roller bis 45 km/h ab 16 Jahren gefahren werden.

E-Scooter

Wie geht das? Elektrische Tretroller werden vor allem in Großstädten verliehen. Sie sind klein, wendig und bis 20 km/h schnell. Anbieter sind u.a. Circ, Lime und Voi. Nutzer brauchen weder Helm noch Führerschein, müssen aber mindestens 14 Jahre alt sein. Buchung und Abrechnung erfolgen über die App des Anbieters.

Was bringt das? Derzeit wenig, denn E-Scooter ersetzen häufig nicht das Auto, sondern den Weg zu Fuß oder per Rad. Zudem ist die Lebensdauer von Roller und Akku gering, sodass beide oft ersetzt werden müssen.

Extra-Tipp: Tragen Sie einen Helm! Ärzte sehen ein hohes Verletzungsrisiko durch Stürze und Kollisionen.

Bikesharing

Wie geht das? Per App unkompliziert ein Rad mieten für etwa 1 Euro pro halbe Stunde – ob als Freefloater oder mit fester Station: Abgerechnet wird pro Fahrt, teilweise auch per Abo. Anbieter wie Nextbike und Call a Bike vermieten bundesweit, andere nur regional.

Was bringt das? Ob als Taxi-Ersatz, für die „letzte Meile" beim Pendeln zur Arbeit oder den Städtetrip ohne eigenes Rad – Leihfahrräder sind eine ökologische Alternative für kürzere Strecken.

Extra-Tipp: In unserem Test 2019 stellten wir bei vielen Anbietern schlecht gewartete Räder fest. Prüfen Sie deshalb vor dem Losfahren Bremsen, Luftdruck und falls nötig die Beleuchtung!

Lastenrad

Wie geht das? Lastenräder, auch Cargobikes genannt, rollen auf zwei, drei oder vier Rädern – mit Muskel- oder Elektroantrieb. Mieten kann man sie vor allem über Vereine und Initiativen. Das ist meist sogar kostenlos, allerdings ist das Angebot begrenzt. Eine Anbieterliste gibt es auf cargobike.jetzt.

Was bringt das? Ein Lastenrad ist umweltfreundlicher und in der Stadt oft schneller als Auto oder Kleintransporter. Mit ihm lassen sich sowohl Kinder als auch Einkäufe und sperrige Gegenstände transportieren.

Extra-Tipp: Vor dem ersten Transport empfiehlt sich eine Proberunde, um Länge, Gewicht und Kurvenlage in den Griff zu bekommen.

Eine Frage des Stroms
Obwohl Elektroautos zum Teil deutlich weniger Emissionen verursachen als Verbrenner, trübt die Energiegewinnung aus fossilen Quellen die Bilanz vielerorts noch erheblich.

KLIMARETTER ELEKTROAUTO?

Der Staat belohnt Käufer von Elektroautos mit einer „Umweltprämie". Bis Ende 2021 bekommen sie bis zu 6 000 Euro geschenkt – plus weitere 3 000 Euro vom Hersteller. Obendrein fällt für zehn Jahre die Kfz-Steuer weg. Für Hybridautos, die teilweise mit Strom laufen, gibt es bis zu 4500 Euro. Retten wir mit dem Kauf von E-Autos und Plug-in-Hybriden tatsächlich Umwelt und Klima? Ganz so simpel ist die Sache natürlich nicht.

Herstellung Rollt ein E-Auto vom Band, hat es wie ein „Verbrenner" CO_2-Emissionen an Bord – entstanden bei der Herstellung und Verarbeitung von Rohstoffen wie Stahl, Eisen und Leichtmetallen, aber auch Kunststoffen und Seltenen Erden. Vor allem der Akku steht bei Kritikern im Ruf, die Bilanz zu ruinieren. Seine Herstellung benötigt viel Energie, die – zum Beispiel in China – zum Großteil aus fossilen Quellen stammt. Experten erwarten künftig jedoch einen deutlich höheren Anteil an Ökostrom.

Betrieb Dasselbe gilt für die Nutzung. Das Laden mit Strom aus Kohle oder Gas, der im deutschen Energiemix immerhin noch rund die Hälfte ausmacht, führt auch noch während der Nutzungsphase zu CO_2-Emissionen. Es gibt jedoch kein Szenario, in dem ein Verbrenner eine bessere Bilanz hätte als ein E-Auto.

Vorteile Laut einer aktuellen Studie sorgt ein in der EU zugelassenes Elektroauto selbst im ungünstigsten Fall – Akku aus China, Ladestrom aus Polen – über die gesamte Lebensdauer für 28 Prozent weniger CO_2 als ein Diesel und 22 Prozent weniger als ein Benziner. Würden Auto und Akku mit dem Durchschnitts-Strommix aller EU-Länder produziert, würde ein Halter in Deutschland 56 Prozent CO_2 sparen, in Frankreich 77, in Schweden sogar 79 Prozent. Im Schnitt sorgt ein in der EU hergestelltes und gefahrenes E-Auto für fast dreimal weniger Emissionen als ein vergleichbarer Verbrenner.

Entscheidung Die Antwort auf die Frage, ob Stromer oder Verbrenner, fällt aus Umweltsicht klar aus. Die staatliche Kaufprämie kann helfen, den höheren Preis eines E-Autos zu schultern. Viel wichtiger ist jedoch die Frage: Muss es überhaupt ein eigenes Auto sein? Vor allem Carsharing (siehe S. 180) – am besten mit E-Autos – ist nachhaltiger und unterm Strich auch günstiger. Zumindest von Zeit zu Zeit „automobil" sein kann man darüber hinaus auch mit einem Mietwagen oder als Nutzer von Mitfahrgelegenheiten.

ZEHN ÖKO-TIPPS RUND UMS AUTO

Leben ohne Auto – für Umwelt und Klima eine Wohltat, doch für viele Menschen nicht praktikabel. Die gute Nachricht: Bereits durch spritsparendes Fahren lassen sich tonnenweise Schadstoffe und CO_2 vermeiden – und eine Menge Geld sparen.

1 **Sparsames Auto** Die direkten Emissionen eines Autos hängen vom Kraftstoffverbrauch ab. Da mit dem Verbrauch auch die Kosten steigen, lohnt es sich doppelt, ein sparsames Modell zu fahren. Tendenziell verbrauchen kleine und leichte Autos weniger als große und schwere. Orientierung bietet die jährliche Umweltliste des Verkehrsclubs Deutschland (VCD), die für viele aktuelle Modelle neben dem CO_2-Ausstoß pro Kilometer auch Lärmemissionen sowie Art und Menge des Schadstoffausstoßes angibt.

2 **Sauberer Antrieb** Benziner, Diesel, Gas oder Elektro? Die umweltfreundlichste Variante hängt von Fahrleistung und Nutzungsprofil ab. Ein Diesel stößt weniger CO_2 aus als ein vergleichbarer Benziner. Wer mit seinem Benziner viel innerorts fährt, kann den Mehrausstoß durch einen zusätzlichen Elektromotor (Plug-in-Hybrid) kompensieren. Während Diesel erst ab Euro-Norm 6d die Stickoxid-Grenzwerte einhalten, ist das für benzin- und gasbetriebene Autos kein Problem. Benziner sollten über Direkteinspritzung und Partikelfilter verfügen oder Euro-Norm 6b erfüllen, um Feinstaubemissionen zu reduzieren. E-Autos haben über ihren Lebenszyklus die bessere Ökobilanz (siehe S. 183) – im Stadtverkehr noch einmal deutlich besser als bei hohem Autobahnanteil.

3 **Sparsame Ausstattung** Klimaanlage, Fensterheber, beheizbare Scheiben und Außenspiegel – zusätzliche Stromabnehmer treiben nicht nur den Kaufpreis in die Höhe, sondern auch den Verbrauch. Allein die Klimaanlage erhöht den Spritverbrauch im Stadtverkehr um 10 bis 30 Prozent. Verzichten Sie deshalb möglichst auf derartige Nebenaggregate oder schalten Sie sie nur ein, wenn es sein muss.

4 **Angepasste Fahrweise** Wer in hohen Gängen bei niedrigen Drehzahlen fährt, senkt seinen Kraftstoffverbrauch um bis zu 25 Prozent. Bei 15 000 Kilometern pro Jahr und einem Benzinpreis von 1,25 Euro spart eine Senkung des Durchschnittsverbrauchs von 8 auf 6 Liter 375 Euro und 740 Kilogramm CO_2. Frühes Hochschalten reduziert zudem die Lärmbelästigung, das Einhalten des Sicherheitsabstands

vermeidet überflüssiges Abbremsen.

5 Moderate Geschwindigkeit Simple Rechnung: Je schneller das Auto, desto höher der Verbrauch. Ab etwa 100 km/h nimmt dieser sprunghaft zu. Außerdem erhöhen sich Verschleiß, Feinstaubbelastung und Unfallgefahr.

6 Richtiger Reifendruck Ein um 0,5 Bar zu niedriger Reifendruck erhöht den Verbrauch um 5 Prozent, den CO_2-Ausstoß um 140 Kilogramm pro Jahr und führt zu mehr Verschleiß und einem längeren Bremsweg. Erhöhen Sie den Druck regelmäßig auf den vom Hersteller angegebenen Wert – bei schwerer Beladung noch weiter. Die Werte für Teil- und Volllastdruck finden Sie bei den meisten Modellen in der Gebrauchsanleitung, an der Innenseite des Tankdeckels oder auf einem Aufkleber im Handschuhfach.

7 Keine Kurzstrecken Ist der Motor kalt, verbraucht er erheblich mehr Sprit als im warmen Zustand. Direkt nach dem Start schluckt ein Mittelklassewagen im Schnitt 30 Liter pro 100 Kilometer. Kaltstarts mit Strecken bis 4 Kilometer sind deshalb besonders kostspielig. Alternative: zu Fuß gehen oder mit dem Rad fahren.

8 Ab zum Service Wer nicht ohnehin mit Leichtlauföl fährt, sollte es beim nächsten Wartungstermin einfüllen lassen. Es verhindert die Reibung im Motor, was besonders im kalten Zustand ein Vorteil ist. Auch der regelmäßige Wechsel von Zündkerzen und Luftfiltern senkt Verbrauch und Emissionen. Allein verstopfte Filter treiben den Verbrauch um bis zu 10 Prozent in die Höhe. Wer sich beim nächsten Reifenkauf Leichtlaufreifen gönnt, spart anschließend bis zu 6 Prozent Sprit.

9 Gemeinsam fahren Wer gemeinsam mit Kollegen zur Arbeit fährt, entlastet die Umwelt und kann sich die Spritkosten teilen. Eventuell lässt sich dadurch sogar der Zweitwagen einsparen. Falls es im Betrieb noch keine Mitfahrbörse gibt, dann regen Sie eine an, zum Beispiel im Intranet. Arbeitgeber können Fahrgemeinschaften fördern, indem sie ihnen Parkplätze reservieren.

10 Stehen lassen Dass Sie ein Auto haben, muss nicht heißen, dass Sie es für jeden Weg benutzen müssen. Im Gegenteil: Studien haben ergeben, dass Menschen in der Stadt auf Strecken bis 6 Kilometer mit dem Rad schneller sind. Die Hälfte aller Autofahrten ist kürzer als 5 Kilometer. Würden 30 Prozent davon zu Fuß oder mit dem Rad zurückgelegt, ergäbe sich eine jährliche Einsparung von rund 2,5 Millionen Tonnen CO_2.

MALAGA?

WENN'S IM HERBST REGNET UND STÜRMT, packen viele noch mal die Koffer und fliegen in die Sonne. Nicht nur klimatechnisch keine gute Idee.

Fliegen Sie möglichst selten und nur, wenn Sie länger am Zielort bleiben. Faustregel: Bis 700 Kilometer **ENTFERNUNG** gar nicht fliegen, bis 2000 Kilometer mindestens acht Tage bleiben, darüber mindestens 15 Tage.

Mit der Distanz zum Flugziel schmilzt auch der **ZEITVORTEIL**: So benötigen Passagiere auf innerdeutsche Strecken und Flügen innerhalb Europas zum Teil deutlich länger von Tür zu Tür als mit Bahn oder Fernbus.

BILLIGFLIEGERN SEI DANK sind viele Städte bis auf 19 Euro an uns herangerückt. Da lohnt sich der Trip nach London, Barcelona oder Rom schon übers Wochenende. Viele Angebote sind jedoch nur so lange Schnäppchen, bis man näher hinsieht: Dann entpuppt sich der Sparpreis als Köder, weil nur Handgepäck inklusive ist. Die Zeitersparnis im Vergleich zu Bus und Bahn löst sich in Nichts auf, weil Anreise und Einsteigen Stunden dauern. Unabhängig davon sind Flugzeugabgase extrem klimaschädlich, weil sie nun mal direkt in der Atmosphäre landen.

MARSEILLE!

IN ACHT STUNDEN MIT DER BAHN ANS MITTELMEER – dafür muss man nicht in München wohnen. Und hat mehr Beinfreiheit als im Flieger …

Weitere europäische Verbindungen finden Sie u.a. unter bahn.de. Auch über **BUCHUNGSPORTALE** wie the trainline.com und fromatob.com lassen sich Preise vergleichen und Zugfahrten buchen.

Laut einer Analyse innerdeutscher Verbindungen von 2019 kamen 22 Prozent der Züge mit mindestens 16 Minuten **VERSPÄTUNG** an – aber auch 13 Prozent der Flüge. Über 60 Minuten verspätet waren 4 Prozent der Züge und 2 Prozent der Flüge.

KURZ VOR 14 UHR in Frankfurt/Main losfahren, um 21.46 Uhr in Marseille ankommen – und das ohne Umsteigen? Der Trip lohnt sich bereits für drei oder vier Tage und kostet mit der Deutschen Bahn ab 39 Euro (Sparpreis Europa, 2. Klasse). Dabei bläst der französische Schnellzug TGV (bis 320 km/h) pro Person nur ein Fünftel CO_2 in die Luft. In Paris wären Sie übrigens in 3 Stunden 40 Minuten. Zugegeben: Die Verbindung nach Malaga ist deutlich komplizierter. Aber, mal ehrlich: Wer wollte nach Malaga, als es Easyjet & Co. noch nicht gab?

Schadensbegrenzung
Wer viel fliegt, hinterlässt einen entsprechenden CO_2-Fußabdruck. Freiwillige Ausgleichszahlungen machen diese Emissionen nicht rückgängig, vermeiden sie jedoch an anderer Stelle.

CO$_2$-AUSSTOSS FÜR FLUGREISEN KOMPENSIEREN

Auf dem Weg von Frankfurt nach Las Palmas und zurück pustet ein Flugzeug 1,1 Tonnen CO$_2$ in die Atmosphäre – pro Passagier. Bei jährlich 3,1 Millionen deutschen Besuchern auf den Kanaren macht das 3,4 Millionen Tonnen. Wer nicht auf Urlaub unter südlicher Sonne verzichten möchte, sollte seinen CO$_2$-Ausstoß kompensieren. Das heißt: zusätzlich so viel Geld in Klimaschutzprojekte investieren, dass dieselbe Menge an Treibhausgasen an anderer Stelle eingespart wird.

Prinzip Die Förderprojekte müssen sich Flugreisende zum Glück nicht selbst suchen – das erledigen Firmen wie atmosfair, Klima-Kollekte und Primaklima. Diese drei erreichten in unserem Test von 2018 das Qualitätsurteil Sehr gut, weil sie die besten Klimaschutzprojekte anbieten, diese mitentwickeln sowie Projektpartner vor Ort begleiten und beraten. Der Anbieter Myclimate schnitt mit Gut ab, Klimamanufaktur und Arktik schafften nur ein Ausreichend.

Unterschiede Unterstützt werden überwiegend Projekte mit erneuerbaren Energien oder zur Energieeffizienz. So versorgt Atmosfair in Ruanda Haushalte mit Öfen, die Brennstoff sparen und so Emissionen reduzieren und gleichzeitig die Waldbestände schonen. Zum Angebot von Klima-Kollekte gehören Kochstellen und Biogasanlagen. Primaklima hingegen konzentriert sich auf den Wald und unterstützt Wiederaufforstungsprojekte, zum Beispiel in Uganda und Bolivien.

Preise Je nach Art des Projekts reichen die Preise von ca. 15 bis 23 Euro pro Tonne CO$_2$. Doch es ist nicht der Preis, der etwas über die Qualität der Kompensation aussagt – sondern die Zertifikate, mit denen Organisationen Projekten deren CO$_2$-Einsparung bestätigen. Besonders anspruchsvoll sind nach dem Gold Standard (GS) ausgestellte Zertifikate – einem Gütesiegel für Klimaprojekte in Entwicklungsländern, die zur nachhaltigen Entwicklung vor Ort beitragen.

Vergleich Wer Anbieter vergleicht, stellt fest, dass derselbe Flug unterschiedlich schädlich eingestuft wird. So liegt die Belastung für die Strecke Frankfurt — New York zwischen 2,8 und 3,8 Tonnen CO$_2$. Hauptgrund ist – neben unterschiedlichen Datengrundlagen – die Berücksichtigung von „Nicht-CO$_2$-Effekten" wie Wasserdampf und Ruß. Während manche Anbieter diese ausblenden, rechnet die Bundesregierung mit dem Faktor 3.

ALLE WEGE…?

HUNDERTE KILOMETER ZUSÄTZLICH und stundenlange Aufenthalte nehmen wir für günstige Flugtickets in Kauf. Den Preis zahlt die Umwelt.

Je länger der **UMWEG**, desto stärker belasten die dadurch ausgestoßenen Treibhausgase die durch den Flug ohnehin schwer belastete persönliche CO_2-Bilanz.

Geht es nicht ohne umzusteigen, dann checken Sie, ob die Airline eine ein- oder mehrtägige **UNTERBRECHUNG** des Fluges („Stopover") erlaubt, und erkunden Sie auch das Zwischenziel.

ÜBER DUBAI NACH SÜDAFRIKA, über Kopenhagen nach Athen? Routen, die sich kein Reisender ausdenken würde, sind im Flugverkehr normal. Flug eins: der Zubringer, Flug zwei: die Hauptroute. Das Verwirrende: Teilweise existieren sogar Direktverbindungen von deutschen Flughäfen, die jedoch deutlich mehr kosten als der riesige Umweg. Unser Gehirn geht prompt in den Schnäppchenmodus und ignoriert den zusätzlichen Zeitaufwand und den Stress beim Umsteigen. Und die Erdatmosphäre? Bekommt eine Extraportion Treibhausgase verpasst.

...DIREKT ANS ZIEL!

BEIM FLUGPREIS ZU SPAREN muss nicht zwingend auf Kosten des Klimas gehen. Mit ein paar Tricks sind auch Direktflüge erschwinglich.

Beziehen Sie umliegende Flughäfen in die Suche ein. Für Langstreckenflüge lohnt es sich manchmal, mit der Bahn zu einem weiter entfernten **STARTFLUGHAFEN** zu fahren – eventuell sogar im Ausland.

Wer von Frankfurt/Main aus nicht über Dubai, sondern direkt nach Kapstadt fliegt, verursacht statt **2 TONNEN** „nur" 1,5 Tonnen CO_2 – spart also 25 Prozent ein. (Quelle: Myclimate)

WER DAS KLIMA SCHÜTZEN WILL, fliegt möglichst selten und hält die Strecken kurz. Für Preisvergleiche eignet sich eine Metaflugsuche wie skyscanner.de oder kiwi.com. Zusätzlich spart, wer bei Datum und Uhrzeit flexibel ist. Verzichten Sie auf Inlandsflüge im Reiseland, bevorzugen Sie Bus oder Bahn. Übrigens: Laut Statistik zahlt am wenigsten, wer Fernflüge 17 und Europaflüge 7 Wochen vorher bucht. Ihnen ist Vergleichen zu stressig? Buchen Sie direkt bei der Airline. Eine test-Stichprobe ergab 2019, dass Tickets dort häufig günstiger sind.

FLIEGEN SOLLTE NICHT ZUR NORMALITÄT WERDEN

Laut Statistischem Bundesamt starteten 2019 von deutschen Flughäfen 124,4 Millionen Passagiere – Rekord! Und so geht es womöglich weiter: Das Deutsche Zentrum für Luft- und Raumfahrt prognostizierte – allerdings vor der Corona-Krise –, dass sich die Zahl der Fluggäste bis 2040 weltweit mehr als verdoppeln wird.

Flugzeugabgase „effektiv"

So viel Verkehr in der Luft bleibt nicht ohne Folgen: Im Jahr 2018 emittierten Flugzeuge weltweit 918 Millionen Tonnen CO_2. Zwar ist ihr Anteil am Gesamtausstoß mit 2,5 Prozent eher gering – das zeigt jedoch vor allem, welch gigantische Mengen Energie- und Landwirtschaft, verarbeitende Industrie sowie der Straßenverkehr erzeugen. Fatal: In großer Höhe ausgestoßenes CO_2 befeuert den Treibhauseffekt deutlich stärker als am Boden. Hinzu kommen Stickoxide, Rußpartikel und Wasserdampf, die ebenfalls zur Erderwärmung beitragen.

Fliegen ist die klimaschädlichste Fortbewegungsart (siehe Grafik). Wer von Deutschland auf die Malediven und zurück fliegt –, insgesamt 16 000 Kilometer – verursacht eine Klimawirkung von rund 2,5 Tonnen CO_2. Mit einem Mittelklassewagen, der auf 100 Kilometer 7 Liter verbraucht, könnte man dafür etwa 12 000 Kilometer fahren!

Schäden nicht nur in der Luft

Der Luftverkehr belastet jedoch nicht nur das globale Klima – er wirkt sich auch lokal aus. So leiden fast 40 Prozent der Bevölkerung in Deutschland unter Fluglärm. Dieser erhöht das Risiko für Herz-Kreislauf-Erkrankungen und Herzinfarkte. Zudem zeigen viele Kinder, die im Umkreis von Flughäfen wohnen, Konzentrations- und Lernschwächen. Schließlich leidet auch die Luftqualität – unter anderem aufgrund der von Flugzeugen ausgestoßenen Stickoxide.

Abwägen statt verzichten

Können uns solche Fakten davon abhalten, auch in Zukunft zu fliegen? Eher nicht. Zu mächtig sind Emotionen, Gewohnheiten und unsere Fähigkeit, Unliebsames zu verdrängen. Wir fliegen, weil wir es können. Weil wir es uns verdient haben. Weil es die anderen auch tun. Kurzum: weil es einfach so normal ist. Nachhaltiges Reisen beginnt

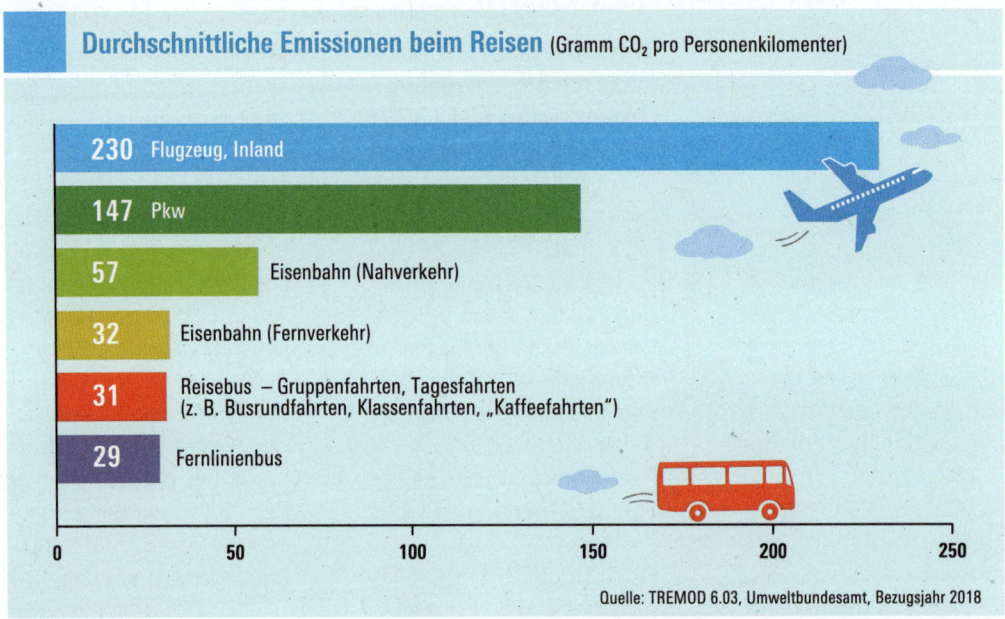

Durchschnittliche Emissionen beim Reisen (Gramm CO_2 pro Personenkilometer)

- 230 Flugzeug, Inland
- 147 Pkw
- 57 Eisenbahn (Nahverkehr)
- 32 Eisenbahn (Fernverkehr)
- 31 Reisebus – Gruppenfahrten, Tagesfahrten (z. B. Busrundfahrten, Klassenfahrten, „Kaffeefahrten")
- 29 Fernlinienbus

0   50   100   150   200   250

Quelle: TREMOD 6.03, Umweltbundesamt, Bezugsjahr 2018

deshalb mit der Einsicht, dass Fliegen eben nicht „normal" sein darf. Zum Skifahren nach Kanada? Shopping in New York? Wieder einmal nach Neuseeland? Wir haben die Freiheit, selbst zu entscheiden, welche Reisewünsche wir uns erfüllen wollen – und welche nicht. Verzicht wäre natürlich das Beste, aber auch mit verantwortungsvollem Abwägen wäre bereits eine Menge gewonnen – auch im Sinne jener überwältigenden Mehrheit von Menschen, die in ihrem ganzen Leben kein Flugzeug von innen sehen werden, die vom Klimawandel aber deutlich stärker betroffen sind als wir.

Öffentlichen Druck erzeugen

Was es darüber hinaus braucht, ist mehr Druck auf Politik und Wirtschaft. Dieser lässt sich zum Beispiel durch Mitarbeit bei oder finanzielle Unterstützung von Umweltorganisationen erzeugen. Warum sind viele Flüge so billig? Warum wird ausgerechnet auf Flugpreise keine Mineralöl-, Öko- und teilweise auch keine Mehrwertsteuer erhoben? Warum ändern Airlines nicht Flughöhen und -routen so, dass sich aus Wasserdampf entstehende Kondensstreifen und Zirruswolken schneller auflösen? Und wo sind Flugzeuge, die mit Wasserstoff fliegen?

NACHHALTIG UNTERWEGS

Der Tourismus verursacht rund 8 Prozent der globalen Treibhausgasemissionen. Die meisten davon entstehen bei An- und Abreise. Folglich entscheiden Entfernung und Verkehrsmittel darüber, welchen ökologischen Fußabdruck Sie als Tourist hinterlassen.

Deshalb gilt das Motto: Je näher, desto besser. Ziehen Sie im Atlas ruhig mal einen Kreis von ca. 800 Kilometern um Ihren Wohnort. Darin sind garantiert Regionen zu finden, die Ihre Wünsche nach Stränden, Wäldern, Bergen und Sehenswürdigkeiten erfüllen.

So oder so gilt es ein paar Regeln zu beachten, um den eigenen Fußabdruck möglichst klein zu halten.

An-/Abreise

Worauf achten? Für Reisen in die nähere Umgebung setzen wir uns meist ins Auto – „sauber" ist es jedoch nicht: Pro Person und Kilometer bläst ein Verbrenner im Schnitt 147 Gramm CO_2 in die Luft. Je mehr Leute darin sitzen, desto besser. Ökologischer sind jedoch öffentliche Verkehrsmittel wie Bus und Zug. Geht die Reise nach Übersee, ist ein Flug unvermeidlich – sollte aber die Ausnahme bleiben.

Extra-Tipp: Mit dem Fahrrad oder E-Bike in den Urlaub zu fahren ist – auch in Kombination mit dem Zug – ein Paradebeispiel für sanften Tourismus. Wer radelt, ist in der Natur und lernt bei gemächlichem Reisetempo die Urlaubsregion intensiv kennen.

Unterkunft

Worauf achten? Bei der Wahl von Veranstalter und Unterkunft helfen Umweltzertifikate und Siegel wie Travelife, TourCert, GreenSign, Viabono, Bio-Hotels und Europäisches Umweltzeichen. Sie kennzeichnen Angebote mit verbindlichen Umwelt- und Sozialstandards, die u.a. den schonenden Umgang mit Ressourcen, klimafreundliche Transportmittel, die Reduzierung des Mülls oder das Engagement in Artenschutzprojekten umfassen können.

Extra-Tipp: Auch Campingplätze gibt es in „grün". Diese nutzen z. B. Solarenergie oder verfügen über einen Gemüsegarten. Das Logo des Vereins Ecocamping weist nachhaltig betriebene Zeltplätze aus.

Ausflüge/Wanderungen

Worauf achten? Beachten Sie auf Ausflügen und Wanderungen den Biotop- und Artenschutz. Respektieren Sie sensible Gebiete und die dort vorkommenden Arten. Erkundigen Sie sich über angemessene Verhaltensregeln. Füttern und berühren Sie keine Wildtiere und beschädigen Sie keine Pflanzen. Lassen Sie keine Abfälle in der Natur liegen und nehmen Sie nichts mit außer Ihren Eindrücken. Besuchen Sie keine Einrichtungen, die Wildtiere in Gefangenschaft halten (zum Beispiel Delfinarien, Elefantenreiten). Unterstützen Sie lokale Artenschutzprojekte und Naturschutzgebiete.

Extra-Tipp: Setzen Sie auf „motorfreie" Aktivitäten wie Kanu- und Radtouren.

Menschen vor Ort

Worauf achten? Nachhaltig zu reisen heißt auch, an die Menschen im Zielland zu denken und dafür zu sorgen, dass sie vom Tourismus profitieren. Dazu zählt mehr als ein gelegentliches Trinkgeld für Kellner oder Zimmerservice. Buchen Sie Ihre Unterkunft über lokale Anbieter, essen Sie in kleineren Restaurants statt in Fast-Food-Ketten. Engagieren Sie einheimische Guides oder Taxifahrer. Selbstverständlich sollte es sein, Kultur und Würde der Einheimischen zu achten und sie zum Beispiel nicht ungefragt zu fotografieren.

Extra-Tipp: Statt bettelnden Kindern Geld zu geben, spenden Sie es besser an eine Organisation, die Kinder und Eltern unterstützt.

Souvenirs

Worauf achten? Schmuck aus Korallen, Schnitzereien aus Elfenbein oder Walknochen, Taschen aus Reptilienleder – viele Reiseandenken werden illegal aus geschützten Tierarten hergestellt. Mancherorts gelten auch Schneckenhäuser und sogar Sand als Kulturgüter und dürfen nicht ausgeführt werden. Das gilt ebenso für archäologische Artefakte wie Tonscherben oder von Tempeln abgebrochene Steine. Informieren Sie sich deshalb bereits vor Beginn Ihrer Reise über Ausfuhrbeschränkungen.

Extra-Tipp: Aufpassen sollten Sie auch bei Lebensmitteln wie Kaviar, die als einheimische Delikatessen angeboten werden. Für sie gelten oft Freigrenzen.

Bitterer Befund
Wer eine Kreuzfahrt bucht, muss in Kauf nehmen, dass sein eigener Traumurlaub zu Lasten von Umwelt und Klima sowie der Arbeiter an Bord geht.

DICKE LUFT AUF KREUZFAHRTEN

Mit Tausenden anderen durchs Mittelmeer oder die Karibik schippern, in einer Kabine wohnen und nur alle paar Tage an Land sein – für manche ein Albtraum, für viele der Traumurlaub schlechthin. Aus Nachhaltigkeitssicht stehen die schwimmenden Städte jedoch stark in der Kritik: Eine Woche schlägt pro Person mit 1,5 Tonnen CO_2 zu Buche – An- und Abflug nicht mitgerechnet.

Abgase Die meisten Schiffe laufen mit Schweröl. Bei der Verbrennung entstehen Schwefel und Stickoxide, CO_2 und Feinstaub. Nur die wenigsten Schiffe verfügen über Katalysator und Feinstaubfilter. Um auch in geschützten Gebieten wie der Ostsee mit dem billigen Schweröl fahren zu können, werden dort meist die Abgase gefiltert – statt auf Schiffsdiesel zu setzen, der immerhin weniger Schwefel produziert. Der CO_2-Ausstoß ließe sich mittels Flüssiggas (LNG) um rund 20 Prozent reduzieren, Schwefel um 90 und Stickoxide um 80 Prozent. Es gibt auch Kritik an LNG: Bei der Gasförderung kann Methan frei werden, zudem wird ein Teil durch Fracking gewonnen. Außerdem würden Kreuzfahrten dann deutlich teurer.

Strom Liegt das Schiff im Hafen, laufen seine Maschinen in der Regel weiter, um Strom zu erzeugen. Deutlich emissionsärmer ginge das mit Landstrom – nur verfügen die wenigsten Schiffe über einen Anschluss und die wenigsten Häfen über die technischen Voraussetzungen dazu.

Wasser Mit Wasser werden auf den Schiffen Decks geschrubbt, Pools gefüllt und jede Menge Handtücher und Textilien gewaschen. Der Pro-Kopf-Verbrauch liegt deshalb bis zu dreimal so hoch wie an Land. Manche Schiffe produzieren fast ihren gesamten Trinkwasserbedarf an Bord, alle können Meerwasser entsalzen und filtern.

Müll Obwohl sich die Reedereien bemühen, Müll zu reduzieren, fällt jede Menge davon an: Lebensmittelabfälle werden teilweise geschreddert und ins Meer gekippt. Der Rest wird an Bord verbrannt oder an Land abgegeben. Ob Plastik, Papier und Glas dort recycelt werden, hängt vom jeweiligen Land ab.

Arbeitsbedingungen Extremes Pensum, niedrige Löhne: So fassten unsere Tester die Verhältnisse für an Bord Beschäftigte zusammen. Stundenlöhne zwischen 3 und 5 US-Dollar sind laut Gewerkschaft Verdi keine Seltenheit. Viele Arbeiter ackern täglich mindestens 10 bis 12 Stunden – und das an 7 Tagen pro Woche.

FITNESSSTUDIO?

PRIMA SACHE, SO EIN ABO! Wenn nur der innere Schweinehund nicht wäre – und mehr Studios eine vorzeigbare Umweltbilanz hätten.

Erste Studios werben mit dem Slogan **GREEN FITNESS** und bieten zum Beispiel Kardiogeräte, die die Energie der Nutzer in Akkus speichern und ohne externen Strom auskommen.

Fragen Sie gezielt nach, ob Ihr Fitnessstudio sich bemüht, Energie **EINZUSPAREN** und Müll zu vermeiden, ob es zum Beispiel Ökostrom nutzt und LED-Lampen sowie Hygieneprodukte aus Recyclingpapier verwendet.

ZUM GUTEN TON gehört für viele Menschen eine Mitgliedschaft im Fitnessstudio. Wie oft sie es dann besuchen, ist eine ganz andere Frage. Abgesehen davon, dass ein Großteil der Sportbegeisterten zum Trainieren mit dem Auto vorfährt, ist schon das erste Motivationstief für viele der Anfang vom Ende. Schätzungen zufolge sind rund die Hälfte der zahlenden Mitglieder Karteileichen – zahlen aber unverdrossen im Schnitt 30 bis 50 Euro Beitrag pro Monat. Aufs Auto verzichten und regelmäßig trainieren, nur so wird's was für Umwelt und Gesundheit.

FAHRRAD!

BAUEN SIE BEWEGUNG in Ihren Alltag ein und lassen Sie für Strecken bis zehn – okay: bis sechs – Kilometer das Auto stehen. Radeln Sie los!

Radfahren ist besonders wirksam gegen Stress: Es kann Depressionen vorbeugen. Das gleichmäßige Treten stabilisiert die **PSYCHE**, setzt Glückshormone frei und wirkt beruhigend.

Auch für größere Entfernungen leisten Fahrrad oder E-Bike gute Dienste. **KOMBINIEREN** Sie das Rad mit S-Bahn, U-Bahn oder Bahn – in vielen Zügen können Sie es sogar mitnehmen.

ROUTINEN ZU VERÄNDERN ist kein Kinderspiel, lohnt sich aber – vor allem wenn es um die eigene Gesundheit geht. Warum nicht ab jetzt mit dem Fahrrad zur Arbeit fahren – oder zumindest zum S-Bahnhof? Warum nicht jeden Tag 10 000 Schritte gehen, zum Beispiel in der Mittagspause? Warum nicht die Treppe statt den Aufzug nehmen? Bei jedem Zähneputzen zehn Kniebeugen machen und im Büro öfter im Stehen arbeiten? Dieses Alltags-Training kostet kein Geld, verursacht kein CO_2, verbraucht keine Ressourcen – und macht fit und gesund.

NATUR ENTDECKEN AUF DIE SANFTE TOUR

Mountainbiken am Gardasee, Tauchen im Roten Meer, Klettern in Kalifornien – auch Outdoor-Fans haben ihre Traumziele. Leider oft dieselben – den sozialen Medien und im Netz kursierenden „Bucket Lists" sei Dank. So sind inzwischen viele Hotspots hoffnungslos überlaufen. Für Natur, Tiere und Pflanzen hat das schlimme Folgen: kaputte Korallenriffs, zertrampelte Vegetation und jede Menge Müll. Dabei gibt es eigentlich nur eine Regel zu beachten: Hinterlassen wir die Natur so, wie wir sie vorfinden, damit auch andere sie genießen können. Deshalb: Laufen Sie nicht Geheimtipps von Reiseführern und Influencern hinterher. Machen Sie sich bei der Tourenplanung selbst Gedanken – oder nutzen Sie Outdoor-Apps wie Komoot, Locus Maps und Maps 3D.

1. Schutzgebiete erkunden

Die schönsten Ziele liegen häufig vor der eigenen Haustür. So gibt es in Deutschland nicht nur ein riesiges Netz gut ausgebauter Wander- und Radwege. Wer auf besondere Erlebnisse aus ist, findet von Flensburg bis Berchtesgaden Landschafts- und Naturschutzgebiete, Natur- und Nationalparks sowie Biosphärenreservate, die sich zu Fuß oder mit dem Rad erkunden lassen. Sie dienen dem Erhalt der biologischen Vielfalt und damit auch dem Klimaschutz. Umfassende Informationen liefert die Website des Bundesamtes für Naturschutz bfn.de.

2. Naturnah übernachten

In der Natur übernachten – für viele das Nonplusultra ihrer Wander-, Rad- oder Paddeltour. Doch wildes Campen ist nicht erlaubt hierzulande. Wer nicht auf einem Zeltplatz übernachten will, findet in immer mehr Regionen für wenig Geld naturnahe Biwak- und Trekkingplätze. Die meisten verfügen über Bio-Toilette und Sitzmöglichkeiten, viele auch über eine Feuerstelle. Da die Übernachtungsplätze begrenzt sind, ist vorheriges Buchen Pflicht.

Extra-Tipp: Unter opencampingmap.org („Wildnis Campingplatz") finden Sie weitere Infos. Auf 1nitetent. com bieten Privatleute gratis Plätze zum Zelten an.

3. Nachhaltige Produkte kaufen

Ob Schlafsack, Windjacke oder Wanderschuh – wer einen Outdoor-Laden betritt, sieht sich einem Dschungel an Marken und

SPORT IN DER NATUR: FUN MIT FOLGEN

DOWNHILL-BIKING IM WALD, Kite-Surfing an Ufern und Küsten, Gleitschirmfliegen an Berghängen – Funsportarten erfreuen sich großer Beliebtheit. Neben dem Naturerlebnis geht es um Erholung und Spaß, oft auch um Selbstüberwindung und Nervenkitzel.

VIELE FÜR OUTDOOR-SPORTLER attraktive Gebiete sind die Lebensräume besonders schützenwerter Tiere und Pflanzen. Massenhafte Aktivitäten und die damit verbundenen Beschädigungen sowie Lärm und Müll überfordern allerdings die Fähigkeit vieler Ökosysteme, sich selbst zu regenerieren. In der Folge können Pflanzen und Tiere in ihrem Fortbestand gefährdet sein, Landschaften irreversibel geschädigt werden.

NATURBEGEISTERTE SPORTLER, die einen möglichst kleinen Fußabdruck hinterlassen wollen, halten sich an die zehn Regeln des Deutschen Skiverbandes (DSV). Diese reichen vom Einholen von Informationen über das jeweilige Gebiet über das Beachten von Markierungen und Hinweisen, das Schützen von Pflanzen und Tieren, bis zum Vermeiden von Lärm sowie Aufenthalten in Dämmerung oder Nacht und dem Mitnehmen des Mülls.

Materialien gegenüber. Bestes Motto für den Kauf: Nur so viel Funktion wie unbedingt nötig. Was sich für einen Extrembergsteiger eignet, ist für einen Gelegenheitswanderer überdimensioniert. Hinter modernen Hightech-Materialien mit unterschiedlichen Lagen und Membranen steckt häufig ein hoher Einsatz schädlicher Chemikalien. Inzwischen bieten manche Hersteller ökologisch und fair produzierte Produkte an.

Extra-Tipp: Auch zur Produktion von Outdoor-Mode aus recycelten Materialien werden Energie und Ressourcen verbraucht. Kaufen Sie deshalb nur Kleidung, die Sie wirklich brauchen.

4. Geführte Touren buchen

Ein Weg, die Natur auf nachhaltige Weise kennenzulernen: Buchen Sie von Einheimischen geführte Touren. Das ist in jeder Region Deutschlands möglich – ob in Wattenmeer, Heidelandschaft oder Mittelgebirge. Erfahrene Wanderführer zeigen Interessierten nicht nur die besten Wege und schönsten Aussichten – sie führen Besucher an die sensiblen Brutplätze seltener Vögel und wissen, wo geschützte Pflanzen wachsen. Im besten Fall kehren die Gäste mit einem geschärften Gespür für Natur und Umwelt nach Hause zurück.

NACHHALTIG SPORT TREIBEN

OB ZU HAUSE ODER IN DER NATUR, wer seine Ausdauer trainiert, die Muskeln aufbaut oder einfach nur Spaß haben will, sollte ein paar Gedanken an Umwelt und Klima verschwenden.

Getränke

Statt Aroma-Wasser oder Energydrink aus der Einwegflasche mixen Sie sich einen isotonischen Durstlöscher, z. B. aus Wasser, Orangensaft und einer Prise Salz, und füllen ihn in eine Trinkflasche.

Müll

Reste von der Wanderrast – auch Obstschalen und Brotreste – gehören nicht in den Wald. Das gilt auch für benutztes Toilettenpapier – deshalb immer eine Tüte einstecken!

Kleidung

Wer das – idealerweise ökologisch und fair produzierte – Shirt, die Hose oder Leggings nur wäscht, wenn sie nach dem Sport wirklich müffeln, spart Wasser und Strom.

Sportart

Golfplätze, Schwimmbäder und Eishallen verbrauchen Flächen und Energie. Wer stattdessen in der Natur klettert, wandert oder paddelt, ist auf der „grünen" Seite, sollte sich jedoch achtsam verhalten (siehe S. 200/201).

Entfernung

Mit dem SUV zur Jogging-strecke zu fahren ist wider-sinnig – starten Sie direkt vor der Haustür. Ist der Trimm-dich-Parcours etwas weiter entfernt, schwingen Sie sich aufs Rad.

Ausrüstung

Hanteln, Schlittschuhe oder Yogamatte kosten eine Menge Geld und CO_2 – das Sie sich sparen können, wenn Sie sie über Second-hand- oder Tauschportale besorgen.

RIESIGE EINÖDEN Auf ein paar Brettern eine Skipiste hinunter-zusausen ist an sich noch nicht schlimm. Ist man dafür aller-dings mit dem Auto von Ham-burg nach Tirol gefahren und hat sich im Vier-Sterne-Hotel mit Sauna und Außenpool ein-gemietet, ist die Bilanz eine ganz andere – von Skiliften, Pistenraupen und Schneekano-nen gar nicht zu reden. Und da diesem Hobby jeden Winter Millionen Ski-Touristen frönen, wächst auf den betroffenen Berghängen im Sommer nichts Grünes mehr. Apropos: Mit sat-tem Grün punkten zwar Golf-plätze – doch Rasenmäher und Pestizide sorgen dafür, dass ihre Flächen in Sachen Artenvielfalt riesige Einöden sind.

■ **Grundregel** Nachhaltiger Sport kommt mit möglichst wenig Ausrüstung aus.

■ **Gymnastik** Übungen mit dem eigenen Körpergewicht bieten kostenlose Fitness-Apps wie Freeletics und GymRun.

■ **Trend** Müll sammeln auf der Laufrunde – das ist Plogging (von schwed. „plocka" = sam-meln und „jogging"). Neben-bei ein super Intervalltraining!

1 x VIDEO HÖREN?

YOUTUBE & CO. BIETEN MUSIK für jeden Geschmack – ohne Tonträger.
Aus Bequemlichkeit streamen viele Nutzer jedoch die Videodaten gleich mit.

Wer verhindern will, dass automatisch ein Video nach dem anderen startet, deaktiviert die **AUTOPLAY-FUNKTION**. Das funktioniert am Smartphone und Tablet über die App-Einstellungen.

VIDEOS ZU STREAMEN gehört in Millionen Haushalten zum Alltag. Laut einer Umfrage des Bitkom verwenden jedoch 59 Prozent der Internetnutzer Plattformen wie YouTube auch zum Musikhören. Was sie nicht bedenken: Videostreaming verursacht hohe Emissionen.

1,7 Gigabyte Daten sind unterwegs, wenn wir auf dem Smartphone eine Stunde lang YouTube-Videos in Full-HD-Auflösung (1080 p) streamen. In der niedrigsten Auflösung (144 p) sind es nur 30 Megabyte! Zum Vergleich: Eine Stunde Netflix in hoher Auflösung verbraucht 3 Gigabyte, eine Stunde Amazon Video 460 Megabyte.

33 x MUSIK HÖREN!

WER BEIM HÖREN seiner Lieblingssongs auf Bewegtbilder verzichtet, sorgt für deutlich weniger Datenverkehr.

Musikhören läuft heute meist über Streamingplattformen wie Spotify, Tidal oder Deezer. **MUSIK ZU STREAMEN** erzeugt viel weniger Emissionen als Videos, am besten ist es aber, Songs lokal auf dem Handy zu speichern.

MUSIK-STREAMINGDIENSTE SIND die bessere Alternative. Noch besser: Wer seine Musiksammlung digitalisiert und auf einer Netzwerkfestplatte gespeichert hat, kann seine Lieblingsmusik selbst auf alle Geräte im Netzwerk – etwa Handy, Tablet und Notebook – streamen.

Bis zu **100 Megabyte** an Daten sind für eine Stunde Musikhören mit Spotify unterwegs. Mit Apple Music sind es bis zu 120 Megabyte, per Internet-Radio 21 bis 84 Megabyte. Das Öko-Institut beziffert die CO_2-Emissionen, die durch Musikstreaming entstehen, auf bis zu 33-mal geringer als beim Videostreaming in hoher Qualität.

IN DER WOLKE?

HAB' ICH IN DER CLOUD GESPEICHERT, das klingt lässig und modern.
Doch Up- und Downloads kosten Energie – und was ist mit dem Datenschutz?

Cloud-Dienste verbrauchen in ihren **RECHENZENTREN** riesige Mengen Energie. Um die Umwelteffekte zu mindern, verwenden Anbieter wie Google, Telekom und Web.de eigenen Angaben zufolge ausschließlich Ökostrom.

Unseren Test von **CLOUD-DIENSTEN** von Anfang 2019 können Sie unter test.de/cloud herunterladen.

BETRIEBSSYSTEM, NOTEBOOKFIRMA, Online-Dienste – jeder bietet Ihnen Speicherplatz im Internet an. Ein paar Gigabyte kostenlos, alles Weitere gegen Gebühr. Klingt gut, sollte aber ein paar Überlegungen auslösen. Abgesehen davon, dass viele Server, auf denen Dokumente, Fotos und Videos landen, in Übersee stehen und gespeicherte Daten nicht durch EU-Recht geschützt sind – ist es wirklich notwendig, permanent riesige Datenmengen durch die Weltgeschichte zu transferieren? Ihre Bankdaten speichern Sie schließlich auch nicht online.

AUF DER PLATTE!

IM HEIMNETZWERK LASSEN SICH DATEN sicher und ressourcenschonend speichern. Eine Firewall und ein guter Virenscanner sind jedoch Pflicht.

Die Stiftung Warentest untersucht regelmäßig kostenlose und kostenpflichtige **ANTIVIRENPROGRAMME**. Auf test.de können Sie sich die Ergebnisse gegen eine geringe Gebühr herunterladen.

Wer eine Netzwerkfestplatte (NAS) als **PRIVATE CLOUD** konfigurieren und von außerhalb des heimischen Netzwerks darauf zugreifen will, sollte sich gut auskennen oder einen Fachmann hinzuziehen.

IST DER SPEICHERPLATZ auf Ihrem Computer begrenzt, lagern Sie Daten auf einen Speicherstick, eine externe Festplatte oder einen NAS-Server („Network Attached Storage") aus. Warum dieser Aufwand? Stellen Sie sich einfach vor, Ihre Festplatte geht kaputt und Ihre Daten sind weg! Genau. Deshalb sollten Sie Ihre Daten nicht nur einmal, sondern regelmäßig auf einem externen Speichermedium sichern und dieses sonst vom heimischen Netzwerk trennen. Vorteil: Fangen Sie sich ein Virus ein, sind nicht automatisch alle Ihre Daten befallen.

Klickscham?
50 Suchanfragen pro Tag summieren sich im Jahr auf 26 Kilogramm CO_2, 10 Fotos am Tag für Insta & Co. auf 1 Kilogramm. Die jährlichen Pro-Kopf Emissionen für Rechenzentren und Datenleitungen im Internet schätzt das Öko-Institut auf 300 Kilogramm.

NACHHALTIG IM NETZ SURFEN

Nachhaltig im Internet unterwegs – geht das? Viel wäre gewonnen, würden wir Videoportale, Suchmaschinen und Mail-Dienste bewusster nutzen – und uns energieeffiziente Hardware kaufen, deren Leistung tatsächlich unseren Bedürfnissen entspricht.

Nachhaltig suchen Suchanfragen verbrauchen Energie, deshalb ist es sinnvoll, möglichst wenige zu stellen. Google ist zwar größter Nutzer erneuerbarer Energien, dennoch gibt es nachhaltigere Suchmaschinen. So neutralisiert Ecosia seine Emissionen über den Kauf von Emissionszertifikaten der Klimaschutzorganisation Myclimate.

Download-Links verschicken Verschicken Sie nicht mehr Daten übers Internet als unbedingt nötig. Statt riesiger Dokumente reicht oft ein Download-Link zur persönlichen Cloud. So muss der Anhang nicht auf den Server eines anderen Mail-Anbieters hochgeladen werden, und es entsteht weniger Datenverkehr.

Ungenutzte Accounts und Abos löschen Nutzerkonten und Newsletter-Abos, die keiner mehr braucht, gehören gelöscht. Das sorgt nicht nur für ein übersichtlicheres Postfach, sondern spart auch Energie.

Grüne Dienstleister wählen Ob Webhoster, Mail- oder Cloudanbieter – Dienstleister für die eigene Website oder den Datenaustausch mit anderen gibt es auch in Grün. Sie erkennen diese Anbieter daran, dass sie ihre Rechenzentren mit Ökostrom betreiben (auf Label achten, siehe S. 158) oder Emissionen kompensieren – Beispiele dafür sind Mailanbieter Posteo und Webhoster Greensta.

Darüber hinaus wickeln manche dieser Firmen ihre Finanztransaktionen über Ökobanken ab.

Sparsam surfen Wer über eine Mobilfunk-Verbindung im Internet surft, verursacht einen deutlich höheren Energieverbrauch als über DSL oder TV-Kabel. Wer die Wahl hat, sollte sich trotz inzwischen vergleichbarer Preise für einen stationären Anschluss entscheiden. Dazu ein in Sachen Grafik und Speicher nicht überdimensionierter Computer, ein nicht zu großer Monitor – beide obendrein möglichst energieeffizient – und ein Router mit geringer Leistungsaufnahme in Betrieb und Standby – fertig.

Strom sparen Trennen Sie Ihren Computer nach Gebrauch komplett vom Netz, da dieser auch ausgeschaltet Strom verbraucht. Verwenden Sie dazu eine schaltbare Steckerleiste (siehe S. 165, Tipp 6).

„GRÜN" GELD ANLEGEN – AM BESTEN MIT FONDS

Immer mehr Anleger wollen nicht nur im täglichen Leben auf Klima- und Umweltschutz achten – sie wollen auch ihr Geld nicht mehr in Unternehmen investieren, die schmutzige Geschäfte machen –, etwa Waffen herstellen, Erdöl und Kohle fördern oder Kinder für sich arbeiten lassen. Tatsächlich lässt sich mit grünen Investments eine Menge bewegen: Steigt die Nachfrage danach, steigt auch der Druck auf Unternehmen, verantwortungsvoll mit Umwelt und Mitarbeitern umzugehen. Dennoch ist es nicht einfach, geeignete Angebote herauszufiltern, denn auch unter den grünen Geldanlagen gibt es nicht nur gute.

1. Wachsendes Fondsangebot

Wer eine ethisch-ökologische Geldanlage sucht, findet ein überschaubares Angebot an grünen Zinsanlagen (siehe dazu auch S. 213) und eine stetig wachsende Zahl von Investmentfonds in allen Fondsgruppen. Dennoch handelt es sich nach wie vor um einen Nischenmarkt. So stecken laut Fondsverband BVI derzeit nur 4 Prozent des in Publikumsfonds investierten Geldes in Fonds, die einen „nachhaltigen" Ansatz verfolgen.

2. Ziel: Greenwashing beenden

Womit wir beim Problem wären: „Nachhaltig" kann vieles bedeuten. Verbindliche Mindeststandards oder gar ein unabhängiges Gütesiegel existieren nicht. Immerhin haben die EU-Staaten Ende 2019 die „Taxonomie-Verordnung" beschlossen, die ein einheitliches Klassifikationssystem für nachhaltige Anlagen schaffen und Anlegern den Überblick erleichtern soll. Unter anderem soll künftig ein Finanz-Ökolabel grüne Geldanlagen kennzeichnen. So will die EU Greenwashing, also das Anpreisen nur angeblich nachhaltiger Anlagen, beenden.

3. Was genau heißt „nachhaltig"?

Bis es so weit ist, bleibt Anlegern nur, selbst die Nachhaltigkeitskriterien der Angebote zu studieren. So stellen nachhaltige Fonds die Aktien oder Anleihen, in die sie die Kundengelder investieren, nach verschiedenen Kriterien zusammen: Ein oft gewählter Ansatz ist der Ausschluss von Titeln bestimmter Firmen, etwa Alkohol- oder Tabakkonzerne, ein anderer das „Best in class"-Prinzip. Ausgewählt werden hier Firmen, die sich in ihrer Branche in Sachen Umwelt- und Sozial-

VORSICHT, ERHÖHTES VERLUSTRISIKO!

HÜTEN SOLLTEN SICH PRIVATANLEGER vor Anteilen an geschlossenen Fonds sowie Genussscheinen. Auf Finanzmessen und in Online-Foren werben auch unseriöse Anbieter mit Schlagworten wie „Grüne Sachwerte" oder „Nachhaltige Werte" um Geldgeber, die den Bau von Solar- oder Windparks, Biogasanlagen oder Waldprojekte finanzieren sollen – und im Gegenzug angeblich überdurchschnittliche Gewinne zu erwarten haben.

WER SICH BETEILIGT, hat meist keinerlei Garantie auf eine Rendite. Im Gegenteil: Als Miteigentümer tragen Anleger ein hohes Risiko und müssen im Extremfall einen Totalverlust verkraften. Deshalb eignen sich solche Beteiligungen allenfalls für sehr erfahrene Anleger, die seriöse Anbieter von schwarzen Schafen unterscheiden können.

EINE ALTERNATIVE SIND ETF (siehe unten), die das Anlegergeld in Erneuerbare Energien investieren. Da sie aber nur wenige Einzelwerte aus derselben Branche enthalten, ist das Verlustrisiko für Anleger deutlich höher als bei ETF, die in viele Branchen investieren. Mehr als 10 Prozent Ihres Anlagevermögens sollten Sie daher nicht in sie investieren.

standards hervortun. Das können aber auch Unternehmen aus der Luftfahrt- oder Mineralölbranche sein. Andere Fonds investieren gezielt in Firmen aus dem Bereich Erneuerbare Energien. Aufpassen: Viele Anlagen sind zwar grün, aber riskant – zum Beispiel geschlossene Fonds, mit denen Windparks finanziert werden (siehe Kasten „Vorsicht, erhöhtes Verlustrisiko!").

4. Ökofonds mit mehr Rendite

Wer „grün" investieren und das Risiko im Griff behalten will, kommt an weltweit in verschiedene Branchen investierenden Fonds nicht vorbei. Die Stiftung Warentest empfiehlt dafür sogenannte ETF, die sich an einem Nachhaltigkeitsindex orientieren (siehe S. 214/215). Zum Glück heißt grün zu investieren heute nicht mehr, freiwillig auf Rendite zu verzichten. Nachhaltige Aktien-ETF schnitten in den Vorjahren besser ab als herkömmliche weltweit anlegende Aktien-ETF. So legte der Nachhaltigkeitsindex MSCI World SRI zwischen September 2007 und Juni 2020 pro Jahr im Schnitt um 8,1 Prozent zu, während der herkömmliche MSCI World nur ein Plus von 7,1 Prozent verbuchte (jeweils inklusive Dividenden).

Wachstum fördern
Wer sein Geld einer grünen
Bank anvertraut, der ist weniger
auf hohe Spar- und niedrige
Kreditzinsen aus, sondern will,
dass die Bank ökologische und
soziale Ziele verfolgt.

... DAMIT IHR GELD SAUBER ARBEITET

Profit über alles? Diesen Ansatz wollen immer mehr Bankkunden nicht mehr mittragen. Eine Alternative bieten ethisch-ökologische Banken. Wie andere Banken und Sparkassen auch bieten sie Girokonten und Zinsanlagen, geben Kredite und unterliegen der Finanzaufsicht. Unterschied: Sie sichern Kunden zu, mit deren Einlagen ethische, ökologische und soziale Ziele zu verfolgen, etwa damit keine Waffengeschäfte zu finanzieren.

Einlagensicherung Banken wie GLS Bank, Ethikbank und die meisten evangelischen und katholischen Kirchenbanken sind als Genossenschaften ins Sicherungssystem der deutschen Volks- und Raiffeisenbanken eingebunden. Im Pleitefall wären Gelder auf Giro-, Tages- und Festgeld- sowie Sparkonten zu 100 Prozent abgesichert. Institute wie Umweltbank und Triodos Bank sind Aktiengesellschaften und unterliegen der gesetzlichen Einlagensicherung, die EU-weit bis 100 000 Euro pro Person absichert.

Zugang Bei den meisten grünen Banken kann jeder Kunde werden. Eine Filiale in der Nähe ist jedoch die Ausnahme – selbst die größten, GLS Bank und KD-Bank, haben nur sieben beziehungsweise vier davon in Großstädten. Per Online-Banking sind sie aber rund um die Uhr erreichbar. Manche Kirchenbanken stehen nur Menschen aus dem Kirchenumfeld offen.

Angebot Girokonto, Sparkonto, Wertpapierdepot, Baufinanzierung, Altersvorsorge – nicht jede Bank bietet alles an, und in Zinsvergleichen liegen Angebote grüner Banken selten unter den Spitzenreitern. Zudem verleihen die meisten an Privatpersonen nur Geld, damit diese sich ein Haus bauen oder Wohnraum modernisieren können.

Wertpapiere Wer sein Wertpapierdepot zu einer grünen Bank verlegen will, sollte damit rechnen, dass auch hier das Thema Nachhaltigkeit eine Rolle spielt. Seien es Empfehlungen der Bank, in hauseigene, nachhaltige Fonds zu investieren (zum Beispiel GLS Bank) – sei es die Vorgabe, dass im Depot ausschließlich Wertpapiere verwahrt werden dürfen, die Nachhaltigkeitsprinzipien genügen (zum Beispiel Umweltbank).

Transparenz Während Kunden bei Banken und Sparkassen kaum je erfahren, was mit ihrem Geld passiert, erteilen ethisch-ökologische Banken Auskünfte darüber, in welche Projekte sie investieren, und teils sogar über die Kredithöhen.

BAUEN SIE SICH EIN GRÜNES „PANTOFFEL-PORTFOLIO"

Die Stiftung Warentest empfiehlt Anlegern, die Geld in Aktien oder Anleihen investieren und von der Börsenentwicklung profitieren wollen, „Exchange Traded Funds" (ETF), zu Deutsch: börsengehandelte Indexfonds. In welche Werte das Geld fließt – darüber entscheidet bei ETF kein Fondsmanager, sondern ein Börsenindex, den der ETF eins zu eins nachbildet. Jeder Index enthält eine nach bestimmten Kriterien zusammengestellte Auswahl an Aktien oder Anleihen. So misst der Deutsche Aktienindex (Dax) die Wertentwicklung der 30 größten deutschen Unternehmen am Aktienmarkt. Dagegen enthält der nachhaltige Index „MSCI World SRI Select Reduced Fossil Fuels" 373 Aktien großer und mittlerer Aktiengesellschaften aus 23 Ländern.

1. Indizes und ETF unter der Lupe

Finanztest nimmt sowohl Nachhaltigkeitsindizes als auch grüne ETF regelmäßig unter die Lupe. Grundsätzlich sind ETF in Sachen Nachhaltigkeit schwächer als aktiv gemanagte Fonds, bringen dafür jedoch meist mehr Rendite. Für die grüne Geldanlage empfehlen unsere Experten den Aktien-ETF

„MSCI World SRI" (Isin: IE 00B YX2 JD6 9) von Fondsanbieter iShares. Er ist an den Index „MSCI World SRI Select Reduced Fossil Fuels" gekoppelt und schnitt in Sachen Nachhaltigkeit mit drei von fünf Punkten am besten ab. Zwei Punkte verteilten die Finanztest-Experten an zwei ETF auf den Index „MSCI World SRI 5 % Issuer Capped". Der eine Fonds stammt von Anbieter UBS (Isin: LU 062 945 974 3), der andere von Amundi (Isin: LU 186 113 438 2). Ebenfalls zwei von fünf Punkten erhielt ein ETF von BNP Paribas (Isin: LU 161 509 221 7) auf den „MSCI World SRI S-Series 5 % Capped".

Extra-Tipp: Im Produktfinder unter test.de/fonds finden Sie gegen eine geringe Gebühr die Bewertungen von mehr als 320 ethisch-ökologischen Angeboten.

2. Nachhaltiges Pantoffel-Portfolio

Trotz guter Bewertungen wäre es riskant, sein Geld ausschließlich in Aktien-ETF zu stecken. Denn: Sinken die Börsenkurse, sinkt auch der Wert der Fondsanteile. Wichtig ist deshalb ein Gegengewicht im Depot, das über eine Verzinsung für die nötige Sicherheit sorgt. Die Stiftung Warentest hat ein Anlagekonzept entwickelt, das Chancen

Aufbau. Das Pantoffel-Portfolio besteht aus zwei Teilen: renditestarken Aktienfonds und sicherem Tagesgeld. Der Renditebaustein wird mit börsengehandelten ETF (Exchange Traded Funds) bestückt. Diese Fonds bilden einen breit angelegten Börsenindex ab und sind kostengünstig. Für den Sicherheitsbaustein können Anleger Tagesgeld von grünen Banken nehmen und dieses eventuell mit Festgeld kombinieren.

Varianten. Je nach Risikotyp unterscheiden wir drei Pantoffel-Arten: das defensive, das ausgewogene und das offensive Portfolio.

Defensive Variante für Vorsichtige: 25 Prozent nachhaltige Aktien-ETF Welt und 75 Prozent Tagesgeld

Ausgewogene Variante, für die meisten geeignet: je 50 Prozent Tagesgeld und nachhaltige Aktien-ETF Welt

Offensive Variante für Risikobereite und junge Leute, die fürs Alter sparen: 75 Prozent nachhaltige Aktien-ETF Welt und 25 Prozent Tagesgeld

Bequem. Anleger müssen nur einmal im Jahr die Aufteilung prüfen.

---

und Risiken optimal ausbalanciert und wenig Arbeit macht. Deshalb trägt es den Namen „Pantoffel-Portfolio".

Dieser Ansatz geht davon aus, dass ein Wertpapierdepot einen Rendite- und einen Sicherheitsbaustein enthalten sollte. Als nachhaltiger Sicherheitsbaustein kommen derzeit vor allem Tages- oder Festgelder bei Ökobanken (siehe S. 213) infrage. Eine Alternative können nachhaltige Anleihen-ETF sein, von denen es aber noch nicht viele gibt. Ein Kompromiss wäre ein Anleihen-ETF auf deutsche oder europäische Staatsanleihen. Das sind zwar keine Öko-Papiere, doch die meisten Länder haben Ziele für den Klimaschutz definiert und machen Fortschritte bei der Umsetzung. Grundsätzlich sind Anleihen-ETF in Niedrigzinsphasen nur geeignet, wenn Sie sehr langfristig anlegen.

3. Aktienanteil festlegen

Je nach persönlicher Risikoneigung kann der Anteil an Aktien-ETF im Depot bei 25, 50 oder 75 Prozent liegen (siehe Kasten oben). Da sich durch das Auf und Ab an der Börse das Verhältnis zwischen Rendite- und Sicherheitsbaustein verschiebt, sollten Anleger es etwa einmal pro Jahr durch gezieltes Zu- oder Verkaufen von Fondsanteilen wiederherstellen.

SERVICE

RAT UND HILFE PER MAUSKLICK

test.de Ob Kaffee oder Kreuzfahrt, Spielzeug oder Grillkohle – die Stiftung Warentest bewertet seit 2004 in vielen Tests auch Nachhaltigkeitskriterien – etwa wenn es um die Arbeitsbedingungen von Menschen, aber auch um das Tierwohl bei der Milch- und Fleischproduktion geht. Unter test.de/csr finden Sie weitere Informationen zum Thema „Corporate Social Responsibility" sowie Links zu knapp 50 Tests mit Nachhaltigkeitsbezug. Darüber hinaus bietet die Seite Produktfinder für die wichtigsten Haushaltsgeräte wie Waschmaschinen und Geschirrspüler. Diese fortlaufend aktualisierten Datenbanken liefern Testergebnisse, Preise, Fotos und Ausstattungsmerkmale für alle aktuell getesteten und noch erhältlichen Modelle. Diese lassen sich anhand bestimmter Filter gezielt vergleichen.

umweltbundesamt.de Auf der Website des Umweltbundesamtes (UBA) finden Sie unter dem Menüpunkt „Tipps" eine thematisch geordnete Sammlung von Umwelttipps für den Alltag, zum Beispiel in den Bereichen „Essen und Trinken", „Haushalt und Wohnen" sowie „Mobilität". Über die Suchfunktion können Sie sich vertiefende Informationen und Publikationen des UBA zu sämtlichen Umweltthemen anzeigen lassen. Unter „Daten" stellt die Behörde umfangreiches und regelmäßig aktualisiertes Zahlenmaterial zu Themen wie „Klima", „Energie" und „Private Haushalte und Konsum" zur Verfügung.

labelonline.de Die Website liefert Verbrauchern einen guten Überblick über mehr als 1000 Labels, Siegel und Gütezeichen, mit denen Produkte, Dienstleistungen und Internetangebote gekennzeichnet sind. Anhand von Bewertungen und Hintergrundinformationen können Nutzer schnell erfassen, welches Konzept hinter welchem Label steckt und wie streng die jeweils angelegten Kriterien sind. Träger der Seite ist die Verbraucherinitiative e. V., der Bundesverband kritischer Verbraucherinnen und Verbraucher.

ecotopten.de Die Seite ist eine Plattform des Öko-Instituts e. V., auf der Verbraucher und Beschaffer Empfehlungen für ökologische Spitzenprodukte in 23 Produktgruppen finden, zum Beispiel LED-Lampen, Heizungspumpen, Sonnenkollektoren, Wäschetrockner, Duschbrausen, Fernseher, Elektroautos, Mobiltelefone, Monitore und Outdoorbekleidung.

ifeu.de Das Institut für Energie- und Umweltforschung (IFEU) forscht und berät weltweit zu allen wichtigen Umwelt- und Nachhaltigkeitsthemen. Neben grundlegenden Hinweisen zu Verbraucherthemen wie „Mobilität", „Energie" und „Ressourcen" finden Sie Informationen zu geplanten und laufenden Forschungsprojekten sowie Abschlussberichte bereits beendeter Projekte.

nachhaltiger-warenkorb.de
Der Nachhaltige Warenkorb ist ein Projekt des Rates für nachhaltige Entwicklung. Das Portal informiert u. a. zu Lebensmitteln, Reisen und Mobilität, Wohnen und Bauen, Haushalt und Elektronik, Mode und Kosmetik. Neben der Website ist der Nachhaltige Warenkorb auch über zehn Themenflyer und als Aktionsspiel nutzbar.

klimafakten.de Um die Debatte über die besten Wege zum Klimaschutz konstruktiv führen zu können, müssen die grundlegenden Fakten stimmen. Die Klimafakten-Redaktion bereitet Forschungsergebnisse auf und setzt sich mit Fragen und kritischen Einwänden auseinander. Die Arbeit der Initiative wird finanziert von der Stiftung Mercator sowie der European Climate Foundation.

STICHWORTVERZEICHNIS

www.blauer-engel.de/uz195

• ressourcenschonend und umweltfreundlich hergestellt
• emissionsarm gedruckt
• überwiegend aus Altpapier

MI6

Dieses Druckprodukt ist mit dem Blauen Engel ausgezeichnet

Dieses Buch erfüllt die Anforderungen des „Blauen Engels" für Druckerzeugnisse. Das bedeutet unter anderem: Es wurde auf 100 % Recyclingpapier mit mineralölfreien, schadstoffarmen Farben gedruckt, und im Vergleich zu gängigen Druckprozessen entstanden beim Druck dieses Buches besonders wenige Emissionen und Papierabfälle. Gedruckt wurde es in Deutschland, um den CO_2-Ausstoß gering zu halten.

© 2021 Stiftung Warentest, Berlin

Stiftung Warentest
Lützowplatz 11–13
10785 Berlin
Telefon 0 30 / 26 31 – 0
Fax 0 30 / 26 31 – 25 25
www.test.de
email@stiftung-warentest.de

USt-IdNr.: DE136725570

Vorstand: Hubertus Primus
Weitere Mitglieder der Geschäftsleitung:
Dr. Holger Brackemann, Julia Bönisch, Daniel Gläser

Programmleitung: Niclas Dewitz

Autor: Christian Eigner
Projektleitung und Lektorat: Ursula Rieth
Mitarbeit: Merit Niemeitz

Fachliche Beratung: Dr. Michael Bilharz, Umweltbundesamt, Dessau
Fachliche Unterstützung: Karin Baur, Ina Bockholt, Dr. Holger Brackemann, Isabella Eigner, Anke Kapels, Nicole Merbach, Reiner Metzger, Cecilia Meusel, Marion Weitemeier, Henning Withöft, Julia Witt
Korrektorat: Christoph Nettersheim
Titel, Art-Direktion, Layout, Satz: Büro Brendel, Berlin
Fotografie: Knut Koops, Berlin
Food-Styling: Frauke Koops, Geesthacht
Bildnachweis: AL-Ko 172; BDH 126; Florian Brendel (Titel), 2, 3, 82, 83, 93, 149, 193, 215; Bundesverband Car Sharing e. V. 180; Einhell 173; eQ-3 AG 151; Getty Images 65; Dirk Mann, Dresden 140, 141; nextbike Deutschland 181; shutterstock 10, 12, 13, 15, 21, 22, 23, 26, 35, 60, 62, 63, 65, 78, 86, 87, 106, 118, 119, 136, 138, 139, 148, 149, 163, 166–168, 171–173, 178–182, 186–188, 194–196, 198, 199, 206–208, 212; Thinkstock 161, 163;

Produktion: Vera Göring
Verlagsherstellung: Rita Brosius (Ltg.), Romy Alig, Susanne Beeh
Litho: tiff.any, Berlin
Druck: Westermann Druck Zwickau GmbH

ISBN: 978-3-7471-0235-0